A READER'S GUIDE TO THE BIBLE

神の物語としての聖書

J. ゴールディングゲイ 著　本多峰子 訳

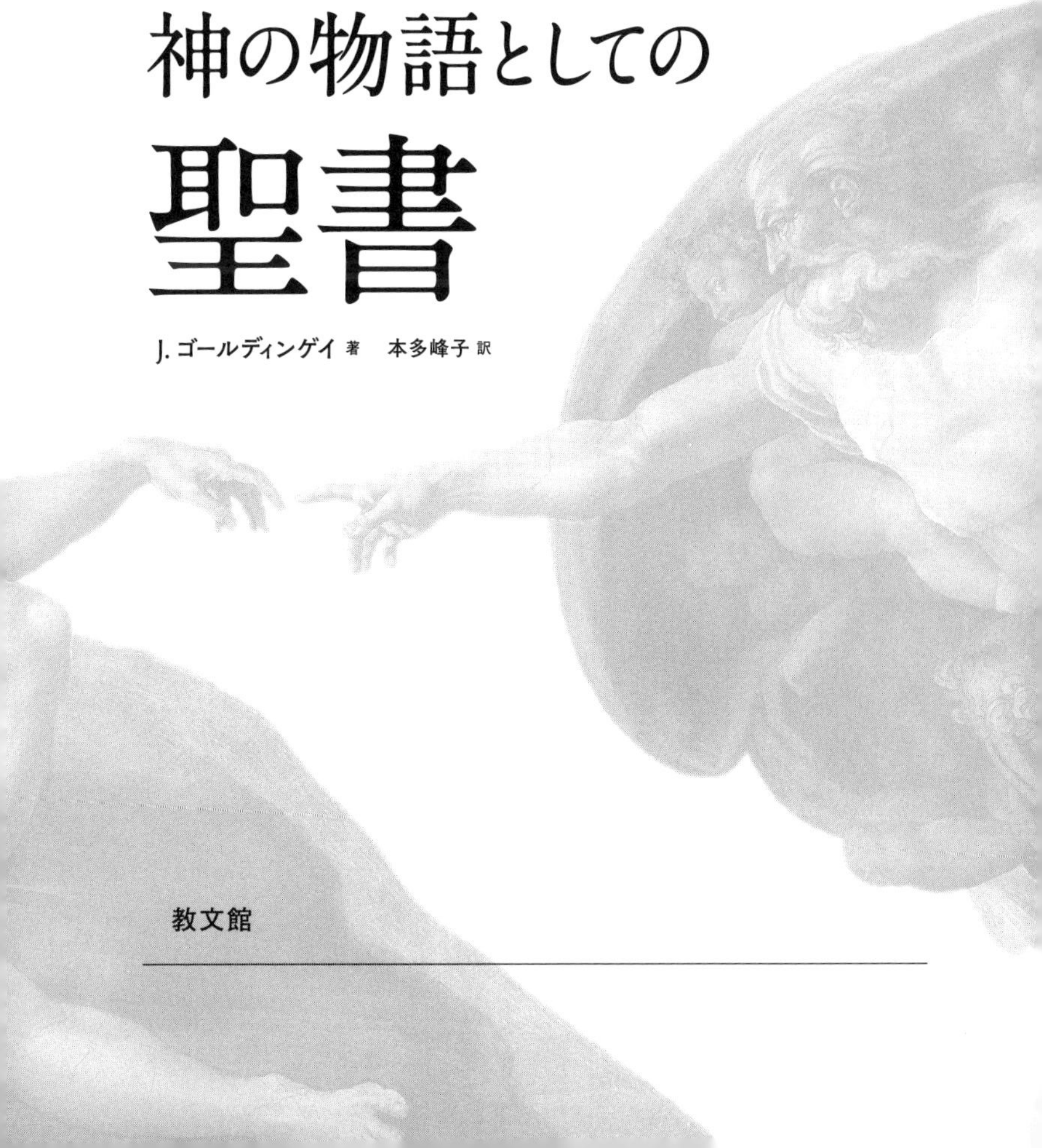

教文館

日本の読者への序文

聖書はアジアの本だ。東アジアではなく、西アジアの本だが、西欧やアメリカの本ではない。だから本書は、アジアの本とも言える書物について一人のヨーロッパ人がアメリカ在住中に書いた手引書がアジアの言語に翻訳されたものなのだ。

聖書は、全世界の神、全世界の主であり全世界を大切にしている神が、全世界をその創造の目的の通りの場にするために、どのように目的成就に着手したかを物語っている。

その物語が聖書の大部分をなしている。聖書は真っ白なキャンバスにも似た、広大で何も書かれていない光景から始まり、神がどのようにキャンバスを埋め始めたかが描かれている。神は世界を、豊かで可能性に満ちた場所として創造した。もちろん、物事は人間の愚かさによって誤った道に行ってしまったが、神は人間が自分たちの潜在的可能性を実現するように、彼らを励ますのをやめなかった。その結果、世界は多様性をもって発展し、人類は世界中に広がった。私たちが知っているアジア、ヨーロッパ、アメリカ、アフリカなどの国々は、神の創造の目的を成就するために生まれたのだ。

しかし、これらの国々はまた、人間の愚かさと強情さで損なわれた形で生まれてきた。そこで神は、創造の目的を果たすために新しい計画を立てた。神は子どもができない一人のアジア人男性アブラハムと妻サラを選び、彼らがある一族の祖となり、その一族を通して神は世界に祝福をもたらすであろうと彼らに告げた。そして、告げた通りにしたのである。その一族の物語にも浮き沈みがあり、その浮き沈みの中で、一族はヨーロッパやアフリカの近隣地域に広がっていった。神は自分の計画を決してあきらめないが、旧約聖書は、まだ計画が一部未完成のままの段階で終わっている。新約聖書では、神がこの物語をクライマックスに導くために、人間イエスになり、進んで人間に殺され、死んだままではいないで復活し、アジアやアフリカ、ヨーロッパでその物語が語られるようにするという偉業をなしたことが述べられている。

聖書に書かれているのは、この物語だけではない。神は自分の民がどのように生きてゆくことを期待しているのかを示す教えがあり、それは神が世界に期待する生き方を具体的に表している。この教えは、神が人々に対して抱いている理想を表している点で未来を見ているが、各国が今いるところから始める点で現実的である。イエスの言葉を借りれば、人間の「心がかたくななので」(マタイ19・8)、神は譲歩して教えているのだ。聖書にはまた、預言者たちが神の民の心のかたくなさや、アジア、アフリカ、ヨーロッパの国々の軍国主義や帝国気取りの自負などに対峙して語った託宣も書かれている。

そして、礼拝の賛美歌や祈りもあり、それらは、すべての国々がアブラハムとサラの神、イエスの神を礼拝し、この神に謙虚に仕え、全世界の人々への神の善意を喜ぼうと呼びかけている。

アジアだろうとアフリカだろうと欧米だろうと、世界中の人が皆聖書を学べるということは、なんと素晴らしいことだろうか。

二〇二二年九月、イギリス、オックスフォードにて

ジョン・ゴールディンゲイ

目　次

目　次

装丁　後藤葉子

凡例

一、聖書の引用は原則として聖書協会共同訳を用いた。
二、聖書の書名には以下の通りの略語を用いた。
（旧約聖書）創世記＝創世、出エジプト記＝出エジプト、レビ記＝レビ、民数記＝民数、申命記＝申命、ヨシュア記＝ヨシュア、士師記＝士師、ルツ記＝ルツ、サムエル記上＝サムエル上、サムエル記下＝サムエル下、列王記上＝列王上、列王記下＝列王下、歴代誌上＝歴代上、歴代誌下＝歴代下、エズラ記＝エズラ、ネヘミヤ記＝ネヘミヤ、エステル記＝エステル、ヨブ記＝ヨブ、詩編＝詩編、箴言＝箴言、コヘレトの言葉＝コヘレト、雅歌＝雅歌、イザヤ書＝イザヤ、エレミヤ書＝エレミヤ、哀歌＝哀歌、エゼキエル書＝エゼキエル、ダニエル書＝ダニエル、ホセア書＝ホセア、ヨエル書＝ヨエル、アモス書＝アモス、オバデヤ書＝オバデヤ、ヨナ書＝ヨナ、ミカ書＝ミカ、ナホム書＝ナホム、ハバクク書＝ハバクク、ゼファニヤ書＝ゼファニヤ、ハガイ書＝ハガイ、ゼカリヤ書＝ゼカリヤ、マラキ書＝マラキ
（新約聖書）マタイによる福音書＝マタイ、マルコによる福音書＝マルコ、ルカによる福音書＝ルカ、ヨハネによる福音書＝ヨハネ、使徒言行録＝使徒、ローマの信徒への手紙＝ローマ、コリントの信徒への手紙一＝Ⅰコリント、コリントの信徒への手紙二＝Ⅱコリント、ガラテヤの信徒への手紙＝ガラテヤ、エフェソの信徒への手紙＝エフェソ、フィリピの信徒への手紙＝フィリピ、コロサイの信徒への手紙＝コロサイ、テサロニケの信徒への手紙一＝Ⅰテサロニケ、テサロニケ

の信徒への手紙二＝Ⅱテサロニケ、テモテへの手紙一＝Ⅰテモテ、テモテへの手紙二＝Ⅱテモテ、テトスへの手紙＝テトス、フィレモンへの手紙＝フィレモン、ヘブライ人への手紙＝ヘブライ、ヤコブの手紙＝ヤコブ、ペトロの手紙一＝Ⅰペトロ、ペトロの手紙二＝Ⅱペトロ、ヨハネの手紙一＝Ⅰヨハネ、ヨハネの手紙二＝Ⅱヨハネ、ヨハネの手紙三＝Ⅲヨハネ、ユダの手紙＝ユダ、ヨハネの黙示録＝黙示録

三、（　）内は、著者による補足である。

四、〔　〕内は、訳者による補足あるいは簡略な訳注である。

第1部　神の物語と、神の世界の中での神の言葉

聖書は一冊の本というよりはむしろ一つの本棚ともいうべきもので、一〇〇〇年以上にわたる大きさも多様な六六の文書の集成である。これらは中東の地中海沿岸地域で書かれ、使われている言語はヘブライ語（ほとんどの書）と、ヘブライ語の姉妹言語であるアラム語（エズラ記とダニエル書のいくつかの章）と、ギリシア語（最も遅い時代に書かれた部分に属する諸書）の三つである。

ヘブライ語とアラム語の書の部分は、ユダヤ人には「律法、預言者、諸書」と呼ばれ、ユダヤ人にとってはこれが「聖書」である。キリスト教徒はこれを「旧約聖書」と呼ぶ。なぜなら、キリスト教徒はこれに、ギリシア語で書かれた（書いたのはやはりユダヤ人だが）「新約聖書」を加えたからである。キリスト教はこちらの新しい書（新約聖書）を最も重視し、早くに書かれた方の書（旧約聖書）を理解する鍵として用いている。

本書では、第１―２章での序論の後、聖書を主として「神の物語」と「神の言葉」として見てゆく。最初に読む物語は世界の創造から始まり、神の民に焦点を当てて、彼らが政治的独立を失う紀元前五八七年までの歴史を語る（第３―４章）。次に見るのはこの物語をイスラエルの礼拝に関心の焦点を当てて語りなおした話（第５章）と、比較的短いいくつかの話（第６章）で、その後に来るのが、キリスト教徒がこの物語のクライマックスと見る、ナザレのイエスの出来事である（第７章）。

聖書の他の部分は、物語の形になっておらず、むしろ、はっきりとした教えや説教になっている。そこで、続く数章では、法や預言や助言、書簡や幻を見る（第８―12章）。そしてその次の二章で、礼拝や知的葛藤の形によるイスラエルの応答を考えたのち（第13―14章）、「聖書は今日、いかに語りうるか」と問いたい（第15章）。

古代ユダヤ教とキリスト教の文書は、旧約聖書と新約聖書におさめられている書以外にも残っている。本書で扱うのはプロテスタントが用いる聖書に含まれている書である。カトリックや正教会のキリスト教徒に読まれている聖書には他にもいくつか、「外典」あるいは「第二正典」と言われるユダヤ教文書が入っている。これらは旧約聖書中で最も後期の文書の時代から新約聖書の時代までの間に属する（第5章）。そして、私たちが本書で見るのと同種の書のさらなる例を与えてくれる。イスラエルの民の物語のさらなる記述とさらなる短編物語（トビト記、ユディト記、マカバイ記、第一エスドラ記〔＝エズラ記［ギリシア語］〕）、および以前の物語への付加とさらなる幻（第二エスドラ記〔＝エズラ記［ラテン語］〕）、さらに二つの知恵の書（知恵の書、シラ書）、そしてもう一つの詩編（マナセの祈り）というように。バルク書はいささか分類し難く、物語とも預言書とも詠唱用詩編とも知恵の書とも類似性がある。

聖書は神の書である。神は聖書の発生にかかわり、神と私たちについての真実を私たちに告げる。神が最初に世界を創造した時、神は人間の助けなしに創造した。神は「光あれ」と言い、すると光があった。きっと、神は聖書を同じ方法で創造することもできただろう。聖書は天からまっすぐに落ちてきてもよかったはずだ。それでも実際のところ、聖書は人間によって書かれた――イザヤやマタイのような人々によって。神は彼らを通して働き、彼らに語りかけたが、書かれた書は彼らの作品でもある。しかしそれは、人間の書であることによって損なわれているという意味ではない。ただ、もし私たちが聖書を理解したいのならば、聖書の背後にいる神と、聖書の背後にいる人間の両方に共感しなければならないという意味である。聖書を理解するためには神を信じる必要はない。しかし、聖書が神について、そして、神の世界としての世界について語る語り方に共感することは確かに必要だ。偏見なしに読むことが必要なのだ。聖書を理解するには、聖書が見るように人生を見ようと努めなければならない。あなたは紀元前八〇〇年のヘブロンの農民ではないし、紀元前四〇〇年のバビロンの写字生でも紀元後五〇年のローマの奴隷でもない。しかし、彼らが書いたり読んだりした書を理解しようというのならば、彼らにとって人生はどのようだったか、想像しなければならないのだ。

第1章　聖書の出来事〔歴史的背景〕

起源（紀元前二〇〇〇？―一二〇〇年）

聖書の中でかなり確かに年代決定ができる最初のことは、いくらかのイスラエル人たちがモーセに率いられてエジプトの労役から逃れてエジプトを脱出した出来事で、紀元前一二六〇年頃と見られる。しかし、イスラエル人が自分たちの物語の発端と考えるのは、メソポタミアからカナンへのアブラハムとサラの旅である。メソポタミアとは、「川と川の間」という意味で、パレスチナの東七〇〇マイル〔一マイルは一・六〇九キロメートル〕の、チグリス川とユーフラテス川の間の地域を指す。これは現在の国では、ペルシア湾まで広がるイラク、イランと重なる。

メソポタミアで最古の最も壮麗な都市の一つは、カルデアのウルだった。「カルデア」は、バビロニアの別名である。創世記によると、テラという名の人が妻子を連れて、ウルを去り北西に旅してハランの町に行った（理由は書いていない）。テラの死後、彼の息子アブラハムを長とする家族の一部がハランを去って南西の方角、カナン地方に移住した。

民族としてはアブラハムの氏族とカナンの住民には関係があり、言語も似ていた。彼らは、互いに意思疎通ができた。けれども彼らの文化と生活様式は異なっていた。カナン人は定住型の農耕民族だった。彼らは最高神エルを長とするさまざまな神々を礼拝し、国中にエルの聖所があった。アブラハムの氏族は農民ではなく羊飼いだった。それゆえ、一か所に定住することにはそれほど慣れていなかった。思いのまま放浪し、実際、常に家畜の放牧地を探してある程度は放浪を余儀なくされていた。彼らの神は氏族の長を導き、それゆえしばしば族長の名前で「アブラハムの神」などと呼ばれた。この神は旅の途上、ずっと彼らと共にいた。

そうして、アブラハムとサラ、息子夫婦のイサクとリベカ、孫のヤコブとその一二人の息子はカナンに移住した。もしひどい飢饉が起こらなかったら、彼らはそこで牧畜生活を続けたかもしれない。しかし、飢饉のためにアブラハムの孫たちはエジプトに移った。実際、そこで彼らは定住して幸せに暮らした。しかしやがて政府が変わり、自国内のよそ者に対してそれほど同情的ではない一人の王（つまりファラオ）が即位した。

そうして、前一三〇〇年頃までにヤコブの子孫――彼らは「イスラエル」という名を与えられていた――はエジプトの国の奴隷にすぎないようになっていた。この時代、エジプトにはさまざまなセム人の集団がおり、その多くは〔ナイル川の〕デルタ地域で建築事業に使われていた。しかし、一つの集団がモーセに導かれてそこから逃げ出した。彼らは東方のシナイ半島に急ぎ、今日のスエズ運河の場所の近くで奇跡的な脱出を果たした後、砂漠に避難した。モーセはこの地方をよく知っており、神がかつてアブラハムに現れた山に彼らを導いた。そこで、神とこの民イスラエルの間に協定が結ばれた。

この協定は聖書で「契約」と呼ばれる。この語は厳粛な誓約を意味する。この場合「契約」は、両方の当事者が互いに信実であることを約束する双方向の合意である。神はイスラエルに助けの手を差し伸べてくれた。そして今度は民が、神への献身を誓うのである。十戒とその他の神の指示は、契約順守のための義務としてイスラエルが受け入れた基準である（ただし、これらの指示のうちどれだけがシナイ山にさかのぼるのかはわかっていない）。

シナイを去って目的地カナンに向かって旅を進めた時、これらの民イスラエルは一世代にわたり、シナイ半島北部一帯で遊牧民として暮らしていた。最終的には、彼らはヨルダン地溝帯の東側を北上し、エドムとモアブの地を通って、エリコの近くでヨルダン川を渡った。この〔カナンの〕地のただ中で彼らは、ヨシュアの指揮の下、めざましい勝利を挙げた。後代の人々の印象では、この勝利こそ、イスラエルがこの地全体を専有するに至る画期的出来事だった。ただし、ヨシュアの勝利の前は、イスラエルの民はヨルダン川東岸の土地を別個に征服しており、ユダ族の領土になった土地はどうやらカレブが南から攻めたところのようだ。中央部と北部でさえ、カナン民族のいくつかは、おそらくこの侵略者たちを自分たちの血縁と認識して、彼らの神を自分たちの神でもあると認めたのか、抵抗せずに侵略者を受け入れた。いろいろあったが、結局イスラエルはヨルダン川西岸の山岳地帯と東岸に沿ったかなり広い領域を自分たちの領土と言えるまでになった。

これらの出来事が書いてあるのは、聖書の以下の箇所である。

- イスラエルの祖先たち　　創世記（ヨブ記もこの時代を舞台とする）

- エジプト脱出　　出エジプト記1―18章
- シナイ山の契約　　出エジプト記19―40章
- 放浪の時　　レビ記、民数記1―10章　民数記11―36章
- ヨシュアの指揮による征服　　ヨシュア記

無秩序と王制（紀元前一二〇〇―九三二年）

イスラエルがカナンに入る物語は、「それからはずっと幸せに暮らしました」ということにつながるはずだった。しかし実際は、それはイスラエルの問題の始まりにすぎなかった。イスラエル人に打ち負かされずにいたカナン氏族も多かった。のちに首都となるエルサレムでさえ、まだ、エブス人と呼ばれる先住民によって支配されていた。さらに、イスラエル人が東からカナン人の領土に侵入するのとほぼ同時に、ペリシテ人（もともと地中海の向こうから来た）が西から侵入してきていた。カナン人はこの挟み込み攻撃によって滅びる運命にあったかもしれないが、イスラエルが最終的な勝利者になることは明らかではなかった。

もう一つの点で、カナン人自身、イスラエルにとってさらに深刻な脅威となっていた。彼らの宗教はイスラエル人を誘惑する魅力を持っていた。イスラエル人の神の名はYhwh〔実際はYHWHに相当するヘブライ文字4文字。子音がないため発音できず、子音を補って発音される〕で、おそらく「ヤハウ

ェ」(Yahweh, 以前は誤って Jehovah と綴られていた)と発音され、ほとんどの英訳聖書では「主」(the LORD)と表されている。この神は、彼らを迫害から救い、戦いで助けをもたらす点では、力強く民の必要を満たしてくれることを実証していた。しかし、この神は作物を成長させることができるのだろうか。それについては疑いがあるかもしれない。一方、作物を成長させることは、カナン人の神バアル(エルの息子)が特に優れた分野だった――バアルの崇拝者はそう主張していたのだ。それで、イスラエルの人々はしばしばバアル崇拝に加わる誘惑に負けた。道徳的無秩序もまた、パレスチナでの初期の時代の特徴だった。人々は皆、「おのおのが自分の目に正しいと思うことを行っていた」(士師21・25)。

デボラ、ギデオン、サムソン、サムエルなどのような有名な指導者たちはこの時代に活躍した。彼らはしばしば「士師」(judges)と呼ばれる。ただし、この称号は誤解を生じやすい。彼らは第一に、神に用いられて民を背教と迫害から救った英雄だった。それでも、イスラエル人は安全を脅かされなくなるほどの勝利を得ることはなかった。ペリシテ人の脅威が増し、サムエルが老齢になると、イスラエル人は最終的に、この困難な状況に対処するためには組織的な指導者が必要だと主張した。他のすべての民族と同じように、王を持つべきだと主張したのだ。

最初の王はサウルだった。彼はかなりの勝利をおさめたが、ペリシテ人の脅威に対処できなかった。彼は宗教的な無政府状態の問題も解決しなかった。実際、彼自身のヤハウェへの献身には至らぬ点があり、おそらくそのことがこの問題を悪化させた。彼はペリシテ人との戦いの中で死んだ。

サウルが生きている間にすでに、(〔北のベニヤミン族出身の〕サウルとは異なり)南の部族出身のダビデという若者が、より印象的に頭角をあらわした。彼はすぐに南の諸部族の王となり、やがてサウルの一族と家臣たちが排除されると、北の諸部族も治める王になった。

ダビデはイスラエル史上極めて重要な人物だった。彼はペリシテ人の脅威を取り除き、ヨルダン川の両側の地域を支配する帝国を築きあげた。彼はエルサレムを占領し、そこに、シナイ山の出来事にさかのぼる神の臨在の象徴である神の契約の箱を設置した。彼の革新はイスラエルの礼拝の発展に重要な段階を画し、神殿の音楽の伝統（特に賛美歌）をのちの人々は彼に始まると見るようになったが、神殿建築は彼の生涯には実現しなかった。

しかし、人間関係の面では彼は弱く、特に誰を自分の後継者にするかという重要な問題を適切に処理することはなかった。最終的には〔息子の〕ソロモンが現れた。実際の神殿建築は彼の業績である。また、彼はイスラエルに「知恵」を教えることを奨励した功績をたたえられる。それは、特に箴言で与えられている日常生活の助言に代表されるような知恵である。さらに、彼の治世に属する文化的発展には、イスラエルの最初の統合的歴史の執筆も含まれていたのではないかとの仮説もある。しかし彼は、ダビデ帝国に危うくしがみついている以上のことはできず、のちに国を滅ぼすことになる弱点は、彼の治世に明らかになった。

この時代の出来事は、聖書の次の箇所に書いてある。

- 士師たちとサウル　　士師記、サムエル記上
- ダビデ　　サムエル記下、歴代誌上、詩編

・ソロモン　　列王記上1―11章、歴代誌下1―9章、箴言

衰退と滅亡（紀元前九三二―五八七年）

ソロモンは政治家だった。それが彼の破滅の一因となった。彼は、「国家の利益のため」には躊躇なく宗教の問題で妥協したのだ。彼の息子レハブアムは政治家ではなかった。それが彼の破滅の原因だった。パレスチナの地は、一人の王によって統一されるまで、全氏族が本当に一つの国になることが難しい状況だったが、今や、その脆弱な統一は崩壊してしまった。レハブアムは、彼自身の氏族であるユダ族を除いて、実質的にすべての氏族の忠誠を失ってしまったのである。そうして、これ以降、二つの独立した国家が存在することになった。南にユダ（ダビデの子孫が統治していた）、そして北には諸氏族の大部分で、「イスラエル」の称号を受け継いだ氏族の主体があり、これはエフライムとも呼ばれた（その方が、民全体をイスラエルと呼ぶこととの混乱が少ない）。エルサレムはユダに残っており、この王国の北端にあった。

エフライムの物語は短く、血なまぐさい。最初の王ヤロブアムは、新しい国家を生み出す賢い助産師の役割を果たしたが、エルサレムから民衆の愛情を奪う聖所を設立したことで非難された。彼の息子ナダブは暗殺され、バシャが後を継いだ。彼の息子エラも暗殺され、彼の将軍の一人ジムリがその後を継いだが、それもまもなく別のクーデターで倒され、軍の将軍オムリが取って代わった。オムリはエフライムで最も偉大な王であり、恒久的な首都サマリアの建設は彼の業績である。彼の

息子アハブ〔イゼベルの夫〕は、宗教的、社会的な恐怖がますますエフライムに顕著になったことの責任があるとして、今日知られている最初の偉大な預言者エリヤに追われた。エリヤとその後継者エリシャの生涯には、アハブとその息子たちであるアハズヤとヨラムの時代に、アラムその他の小国による攻撃でエフライムの対外的問題が始まった。エリシャはもう一つの軍のクーデターを扇動した。将軍の一人イエフは、ヨラムとその母〔イゼベル〕、その他アハブの残りの家族を排除し、エフライムの宗教改革を行なった。イエフの子孫であるヨアハズ、ヨアシュ、もう一人のヤロブアム〔ヤロブアムⅡ世〕、ゼカルヤは、エフライムで最も長く続いた家系だが、ゼカルヤがシャルムに暗殺された時ついに終わりを迎え、シャルムもまもなくメナヘムに殺された。

メナヘムの治世にはエフライムの弔いの鐘が聞こえ始める。メソポタミアに帝国を築いたアッシリア人は、西方に心を向け始めた。エフライムはアッシリアの属国となった。メナヘムの息子ペカフヤはペカという名の将軍に殺され、ペカはホシェアに殺された。この世紀〔前八世紀〕には、旧約聖書に自分の名のついた書のある最初の預言者アモスとホセアが、背信と社会的不正義を続ければ裁きがあると、エフライムに警告し始めた。しかし、その言葉は聞き入れられず、前七二二年、サマリアはアッシリアに滅ぼされた。エフライム人は移送され、彼らの土地には、他の場所でアッシリアの征服の犠牲になった人々が住まわされた。北のイスラエル部族は事実上存在しなくなったのである。

北王国の激動の歴史の間、〔南王国〕ユダの歴史には、内政的にも対外的にも大きな出来事ははるかに少なかった。ダビデの血筋は、ヨアシュやその息子アマツヤのような個々の王たちが暗殺された後も、国家の存続の最後まで王位を保持していた。ただ、ユダはエフライムよりも弱く、しばしば北の兄弟国〔エフライム〕からの圧力を受けていた。また、もう一つこの物語の中でくりかえし現れるテーマは、ユダがどこまでヤハウェに信実であったか、また、王たちがどれほどダビデの道を歩むことができなかったかという問いである。この問題についてさえ、ユダはエフライムよりも道に迷う誘惑に弱くはなかったことが実証された。ユダは比較的孤立しており（たとえば、山の斜面の険しさのために）、歴史の主要な流れから切り離されていた。エフライムが先に滅亡したのは、地理的により大きな圧力にさらされていたからである。

　アッシリアの台頭と古典的預言者〔記述預言者とも呼ばれる。前八世紀のアモスに始まる。旧約で預言者の名を冠して記述された書のある預言者〕の出現は、ユダにも影響を与えた。イザヤはアッシリアがアラムやエフライムよりも大きな脅威だと宣言し、ヒゼキヤの時代にはユダはアッシリアに滅ぼされそうになった。ヒゼキヤの後を継いだマナセは、ユダの王位についた最悪の背教者とみなされ、彼の政策の影響は、彼に続いて王になった大改革者ヨシヤでさえも根絶することができなかった。前六世紀の終わりには、アッシリア自体が滅亡した。次にユダを支配したのは、バビロン〔新バビロニア帝国〕だった。ユダはバビロンを軽視しすぎていた。前五八七年、真剣な警告ののち、バビロン人はエルサレムを壊滅的に破壊し、直接支配を始めた。

　聖書の以下の部分はこの時代のことである。

- 列王記上12章～列王記下25章
- 歴代誌下10―36章

・アモス書、ホセア書、イザヤ書1—39章、ミカ書
・ナホム書、ゼファニヤ書、ハバクク書、エレミヤ書

バビロニアおよびペルシアの属国時代（紀元前五八七—三三三年）

ユダの捕囚は、エフライムの捕囚よりも幸運だった。バビロニアは、問題のある国々の指導者だけを取り除く政策をとり、国民全体の移送はしなかった。しかも、ユダの政治家、王族、司祭はバビロンで耐えられる程度の生活はできた。実際ある意味では、ユダの荒廃した土地に指導者なしに残された大部分の普通の人々の方が不運だったとも言える。哀歌の五つの詩を読めば、彼らの気持ちがどのようだったかが察せられる。多くの人々が自発的にユダを去った。彼らが世界中に散らばってゆく過程が始まっていた。ついには、祈りと聖書朗読に集中するシナゴーグの礼拝が発展したが、これはおそらく最初はバビロンで始まったのであろう。これは神殿から離れてしまった状態を補う助けとなり、イスラエルの人々が自分たちの土地がない状態で民として存在し続けるのに重要な役割を果たした。

列王記は捕囚期に編集された。そして、エフライムとユダの罪の物語を語ることによって、捕囚は起こるべくして起こったと認めている。しかし、破局の前でさえ、エレミヤ（エルサレムで活動）やエゼキエル（すでに前五九七年にバビロンに移送された）などの預言者は、危機と長い捕囚時代は必ず経験しなければならないが、自分たちの土地への帰還はあると約束していた。その日が差し迫っていることを示すしるしは、キュロス〔Ⅱ世〕の指揮するペルシア帝国の勃興であり、それはイザヤ書45

章に書かれている。前五三九年、キュロスは新バビロニア帝国に終止符を打ち、ユダの人々を含むさまざまな捕囚に帰国を許可した。

ユダの人々は、遠く離れた原始的なカナンに急いで戻ることはしなかったらしいが、そうする人もいた。戻ろうとしない人々にとって、非自発的な捕囚は自発的な離散になり、この時以来、離散の民であることがユダヤ人の特徴となっている。前五二〇年から五一六年の間に、エルサレム神殿は大祭司イエシュアとダビデの子孫ゼルバベルの指導の下で再建された。ただし、ゼルバベルは正当な王位継承者でありえたにもかかわらず、王座についてはいなかった。実際、ユダは三世紀以上もの間、再び自分たち自身の王を持つことはなかった。神殿再建は新約聖書の時代まで続く第二神殿時代の幕開けとなった。祭司たちと、のちには律法学者たちが、モーセ五書の言葉によって支配される捕囚後の共同体の指導者となった。ハガイとゼカリヤの預言は、イエシュアとゼルバベルの時代の生活がどれほど厳しかったかを反映している。ハガイとゼカリヤは、自分たちの名がついた書に言葉を残しているほぼ最後の預言者である。

旧約聖書には、ペルシア時代についての統合的歴史は収録されていないので、具体的にわかっているのは後に続く時代のたった一部分、エズラとネヘミヤの活動だけである。彼らは前五世紀の半ばに離散の地からエルサレムに来た（彼らが「捕囚からの帰還」と神殿再建にかかわっていなかったことに注意。これらは彼らの時代よりはるかに前に起こった）。エズラはペルシア王〔アルタクセルクセス〕に、バビロンから彼が持ち帰った律法の巻物に従って、エルサレムで宗教的な事柄が適切に行なわれるように、行って監督するように委託された。エズラは、特にユダの人々の独自性とヤハウェへの献身を保持するために、エルサレムで改革を始めた。ネヘミヤの活動時期は、エズラの活動と重なっている。彼がエルサレムを訪ねたのは、前世紀の物理的な荒廃からの復興がまだなっていないとの知らせに促されてのことだった。ネヘミヤはエルサレムの城壁の再建と同時に、社会的、宗教的な改革も担った。案の定だが、城壁再建には周辺住民の反対が起こった。ユダ人と関係集団の間の緊張はこの時代の一つの特徴である。特に、ユダ人とサマリア人の間に敵対意識が生まれた。

捕囚後の人々の態度はこの時代に書かれたものから推し量ることができる。マラキの後には特に名の知られる預言者の出現はなかったが、多くの人々は預言者たちの言葉を大切にして、ヤハウェが再び歴史の中で働きイスラエルを復興させ、預言者たちが語った栄華を再びイスラエルに与えて、世界にヤハウェとイスラエルを認めさせる時を待ち望んだ。古い信仰を理解しがたいと感じた人々もいた。ヨブ記とコヘレトの言葉（伝道の書）は彼らの疑念と確信のなさを反映している。しかし、神が何をしていて、何を求めているのかを知ろうと懸命に努めた人々もいた。歴代誌はこの時代のもので、神殿とその奉仕に焦点を当ててイスラエルの物語を語りなおしている。神の民による礼拝は非常に重要と見なされている。聖書の最初の五冊であるモーセ五書の最終編集もこの時期に属している。神の律法への喜びと、人生のあらゆる細部においてまで神に従うことへの関心が、捕囚後の時代の特徴である。

この時代のことは、聖書の次の部分に書いてある。

・哀歌

- エゼキエル書、イザヤ書40—66章、ダニエル書
- ハガイ書、ゼカリヤ書、マラキ書
- エズラ記—ネヘミヤ記

ギリシア・ローマ属州時代（紀元前三三三—紀元後一三五年）

ペルシア人による支配は、アレクサンドロス大王指揮下のギリシア人の勝利によって終止符を打たれた。前三三二年、アレクサンドロスはエジプトへの道でパレスチナを通過した。ユダはおそらく実際の侵略を免れたが、今回もこれは、ユダが主要な地域から外れた位置にあったためであろう。

アレクサンドロスの帝国はわずか一〇年しか続かなかった。前三二三年に彼は死んで、部下の将軍たちは彼の帝国をめぐって争った。パレスチナの北部はセレウコス〔I世〕とその子孫が支配した〔セレウコス朝シリア〕。南方のエジプトはプトレマイオス朝が支配した。ユダは緩衝国になっていた。

アッシリアとバビロニアは、征服した国の人々を移送することで、彼らの民族的願望を根絶しようとしたが、ペルシアは各国民の「宗教的特異性を（無害なものであれば）支持することによって、支配に対する被支配民の好意的な態度を促した。ギリシア人は、バビロニア人やペルシア人以上に、自分たちの帝国に影響を与える文化を輸入した。エジプトのアレクサンドリアという非常にヘレニズム色の強い都市のユダヤ人たちは、聖書をギリシア語に翻訳し（七十人訳）、実際にギリシア語で書き始めた。これらのギリシア語の書物の多くは、やがてキリスト教の聖書のいくつかの版に入れられた

（これらはプロテスタントでは伝統的に「外典」と呼ばれる）。

しかし、ユダヤ教の中心はエルサレムの神殿であり、ユダヤ教は存続をかけてヘレニズムと戦っていた。前一九八年にパレスチナはプトレマイオス朝からセレウコス朝の支配下に移っていたが、セレウコス朝の王アンティオコス・エピファネス（在位前一七五―一六三）は、ギリシアの宗教と文化を被支配国のすべての民に強制して帝国を統一しようとした。彼はユダヤ教を禁止し、エルサレム神殿をゼウスの神殿に変えた。ダニエル書11章31節に言われている「荒廃をもたらす憎むべきもの」とはもともとこのことを指していた。この政策は民の一部に、最初は受動的な抵抗を引き起こし、次に、武装した反乱を引き起こした。マカバイ家と呼ばれるこの反乱軍をセレウコス朝は抑えられず、セレウコス朝は二度とパレスチナの支配権を取り戻すことはできなかった。ダニエルが約束したように（ダニエル８・９、25）、「小さな角」アンティオコスは滅ぼされた。ヤハウェの民は〔前六世紀のバビロン捕囚以来〕初めて、アッシリア台頭以来ほぼ六世紀ぶりで独立を勝ち取ったのである。

しかし、ギリシアの考え方や生活様式〔ヘレニズム〕はユダヤ共同体に深い影響を及ぼし、〔その影響によるギリシア化への反動で〕、いくつかの集団がユダヤ共同体を出て自分たちだけの代替的社会を創設するに至った。それらのうち最も急進的だったのは死海沿岸に設立された宗教共同体のクムラン教団である。ファリサイ派の人々はエルサレムから退くことなく律法に忠実であり続けようとした。サドカイ派の人々は現実的な政策により適応し、神殿で勢力を保持した。

中東でのセレウコス朝の衰退とともに、ローマ帝国の力が増した。ついにローマ人は、彼らの帝国の東の境界を確保するため大ポンペイウス〔グナエウス・ポンペイウス〕を派遣し、彼は前六三年にエルサレムに到着してマカバイ家の子孫の支配を終わらせ、ユダヤをローマ帝国の属州・シリア州の一部とした。

ローマ人はパレスチナにヘロデ家の傀儡《かいらい》王政を敷き、ヘロデはイドマヤ人としてユダヤ人の信仰を受け入れていた。このヘロデ「大王」は、神殿を増改築し、エルサレムその他で建設事業を行なった――新しい港カイサリア（皇帝にちなんで命名された）の建設もその一つである。

紀元前四年にヘロデ大王が死ぬと、ローマに対する反乱が起こった。ヘロデ大王の一族には彼ほどの手腕を持った者は誰もなく、結局、王国は分割され、北部はヘロデ家の「四分領主」たちが担当して治め、ユダヤはローマ人の総督が直接統治した。多くのユダヤ人は、神が介入してくれるのではないかと期待していたが、当時の自称「救世主《メシア》」たちの誰かの主張を受け入れる人は少なかった。最も重要な救世主的人物だったナザレのイエスは、ローマ総督ポンテオ・ピラトの統治下で処刑された。その後、イエスの信奉者たちは、やはりイエスこそメシアなのだという信仰を伝播し続け、ユダヤ人もローマ人もイエスの信奉者たちの扱いに困るようになった。

大部分において、ローマ帝国はユダヤ教の信仰を妨害するよりはむしろ支持しており、地中海全域にわたってユダヤ教共同体があった――その構成員には生来のユダヤ人と、ユダヤ教に改宗した者たちがいた。ローマ帝国の安定性とユダヤ教共同体の広がりは、イエスの信奉者たちが、イエスこそメシアであるとの信仰を東地中海とそれを越えた地域に広めてゆくことをより容易にした――ただし信者の大部分は異邦人だった。この成果の鍵となった重要人物はタルソス出身のユダヤ人サウロ、つまりのちのパウロである。新約聖書に残っているキリスト教徒間の手紙のやりとりと使徒言行録は、これらキリスト教共同体がトルコ、ギリシア、そしてローマ自体にまで広がっていたことを示す。

しかしパレスチナでは、ユダヤ人とローマ人との関係が悪化した。紀元後六六年、ユダヤ人は反乱を起こし、七〇年にエルサレムは神殿もろとも破壊された。二世紀にはさらに反乱が起こったが（一三二―一三五年のバル・コクバの乱）、一三五年にはそれも鎮圧されて、エルサレムはローマの市の一つにされてユダヤ人は追放された。

この時代のことは、聖書の次の部分に書いてある。

- ダニエル書
- 新約聖書
- 旧約聖書外典もこの時代に属する

表１・１　旧約聖書の歴史の概略

推定年代（紀元前）		出来事	
?世紀	?年	創世記の出来事	
一三世紀	一二六〇年	出エジプト（モーセ）	
	一二二〇年	カナンの地に入る（ヨシュア）	
一二世紀	一一二五年	士師たち（デボラなど）	
一一世紀	一〇五〇年	サウル	イスラエル、ペリシテ人などとの闘争関係が続く。

	一〇一〇年	ダビデ	イスラエル独立状態
一〇世紀	九七〇年	ソロモン	
	九三〇年	王国、北王国イスラエル（エフライム）と南王国ユダに分裂	
九世紀	八五〇年	エリヤとエリシャ	
八世紀	アモス、ホセア、ミカ、アモツの子イザヤ		
	七二二年	エフライム、アッシリアにより滅亡	アッシリアによる支配
七世紀	六二六年	神がエレミヤを召命	
	六二二年	ヨシヤの宗教改革	バビロン〔新バビロニア〕による支配
六世紀	五九三年	神がエゼキエルを召命	
	五八七年	エルサレム〔ユダ〕、バビロンにより滅亡	
	五四〇年代	イザヤ書40—55章	
	五三九年	バビロンがペルシアにより滅亡。ユダ人、帰還を許され神殿再建	ペルシアによる支配
	ハガイ、ゼカリヤ、イザヤ書56—66章（エズラ1—6章、ダニエル1—6章）		
		〈ペルシアの王たち〉	
	五三九年	キュロス〔Ⅱ世〕	
	五三〇年	カンビュセス〔Ⅱ世〕	
	五二二年	ダレイオスⅠ世	
五世紀	四八六年	クセルクセスⅠ世	
	四六五年	アルタクセルクセス	
	四五八年	エズラ	
	四四五年	ネヘミヤ	

		（今日の旧約聖書は前五八七―一六四年頃、第二神殿時代の共同体存続が困難な時代に信仰と希望を持ち続けるための助けとして形成された。）	
四世紀	三三三年	ペルシアがギリシア（アレクサンドロス大王）により滅亡。そのち、アレクサンドロスの帝国は分裂	ギリシアによる支配
三世紀			
二世紀	一九八年 一六七年	エルサレム、エジプトの支配下からシリアの支配下に移る。 アンティオコス・エピファネスがエルサレム神殿で異教崇拝を始める（ダニエルの幻）。	イスラエル独立状態
一世紀	六三年	大ポンペイウスがエルサレムに侵攻	ローマによる支配

表1・2　エフライムとユダの詳細な歴史

年代（紀元前）と他国の勢力	エフライム	預言者	ユダ
一〇五〇年	サウル	サムエル	サウル
一〇一〇年	ダビデ	ガド、ナタン	ダビデ
九七〇年	ソロモン	アヒヤ	ソロモン
エジプト（王シシャク）	ヤロブアム（二二） ナダブ（二）	無名の神の人	レハブアム（一七） アビヤム／アビヤ（三） アサ（四一）

アラム	アッシリア 七二二年
バシャ（一二） エラ（二） ジムリ（一週間） オムリ（一二） アハブ（二二） アハズヤ（二） ヨラム（一二） イエフ（二八） ヨアハズ（一七）	ヨアシュ ヤロブアムⅡ世（四一） ゼカルヤ（六か月） シャルム（一か月） メナヘム（一〇） ペカフヤ（二） ペカ（二〇） ホシェア（九）
エリヤ エリシャ ヨエル？ ヨナ	ホセア アモス ヨタム（一六） イザヤ ミカ ゼファニヤ ナホム エレミヤ
ヨシャファト（二五） ヨラム（八） アハズヤ（一） アタルヤ（七） ヨアシュ（一六）	アマツヤ（二九） ウジヤ／アザルヤ（五二） アハズ（一六） ヒゼキヤ（二九） マナセ（五五） アモン（二） ヨシヤ（三一） ヨアハズ／シャルム（三か月） ヨヤキム／エルヤキム（一一）

バビロニア 五八七年		ハバクク オバデヤ エゼキエル（バビロンで活動） イザヤ40—55章（〔第二イザヤ〕バビロンで活動）	ヨヤキン／コンヤ（三か月） ゼデキヤ／マタンヤ（一一）
ペルシア 五三九年		ハガイ ゼカリヤ イザヤ56—66章〔第三イザヤ〕 マラキ ヨエル？ ヨナ？ ゼカリヤ9—14章？	
ギリシア 三三六年			

（注）カッコ内の数字は統治したおよその年数。父あるいは息子との共同統治の年数を含む。〔／で区切られた人名はその人物の別名を表す。〕

第2章　聖書の舞台〔地理的背景〕

聖書の物語は、三つの非常に異なった地域が舞台となっている。

1　メソポタミア
2　地中海に面した国々
3　これら二つの地域の間の領域

物語はまずメソポタミアとアフリカの強大な国々で始まる。メソポタミアの平野はエデンの園、洪水、バベルの塔、アブラハムの祖先の物語の背景になっている。ユダの指導的な人々の多くがのちの前五九七年と五八七年に捕囚になったのはバビロン（現在のイラク）だった。それ以降、バビロンはユダヤ教の重要な中心地にもなり、また、圧政の象徴にもなる。エジプトも同様で、実際、ナイルの土地の主な重要性は、イスラエルの民がモーセの時代にそこから救い出された苦しみの地だったことにある。ここは前五八七年の捕囚の地の一つでもあり、のちのユダヤ教の中心地の一つにもなった。

エジプトは、キリスト教の教えが北アフリカ、トルコ、ギリシア、イタリア、スペインに伝えられて聖書の物語が終わる、第二の地域にも属する。この地域が東方〔メソポタミア〕と異なる特徴は、この地方が地中海を中心にしていることである。キリスト教の教えは地中海を越えて主に海路で広がった。これらの国々はローマ人の帝国に属しており、それがこの時代の最も重要な政治的特徴だった。ローマは、バビロンやエジプトと同様に、新約聖書では圧政の象徴である。

しかし聖書の物語の焦点は、第三の地域――メソポタミアの諸帝国とナイル川と地中海の間の、「聖地」と呼ばれるところにある。この地域は一度も、ダビデやソロモンの時代でさえも、どこかの帝国の中心になったことがないが、歴史上常に、大国が争う緩衝地帯になってきた。おそらく、アジア、ヨーロッパ、アフリカの三つの大陸が交わる位置にあるために、ここは、数々の民族とその歴史の出会いの場となりやすかったのであろう。

この地の国境は、近代の国々の国境同様、しばしば変わった。名称も変わった。イスラエルは、この地に到着する以前は、この地をカナンと呼んでいた。のちに、ここはパレスチナ（Palestine）と名づけられた（ペリシテ人〔Phlistine〕に由来する）。今日では、イスラエルは、一つの国家の名前になっており、パレスチナはもう一つ別の国家の名前になるかもしれないので、ここではイスラエルの民が住んでいた土地の名としてはカナンという古い名を使うことにする。

カナンは小さな土地だ。聖書で言われているその土地は現在のレバノン（ティルスとシドンの地方）、シリア（ゴラン）、ヨルダン（ギレアド、ヨルダン川東岸）とヨルダン川西岸地区全域を含み、聖書の重要な町の多く（シェケム、サマリア、ベツレヘム、ヘブロン）とイスラエル国家は、ヨルダン川西岸地域にある。しかし、ダンからベエル・シェバまで（イスラエル国内で、合衆国のメイン〔東海岸の最

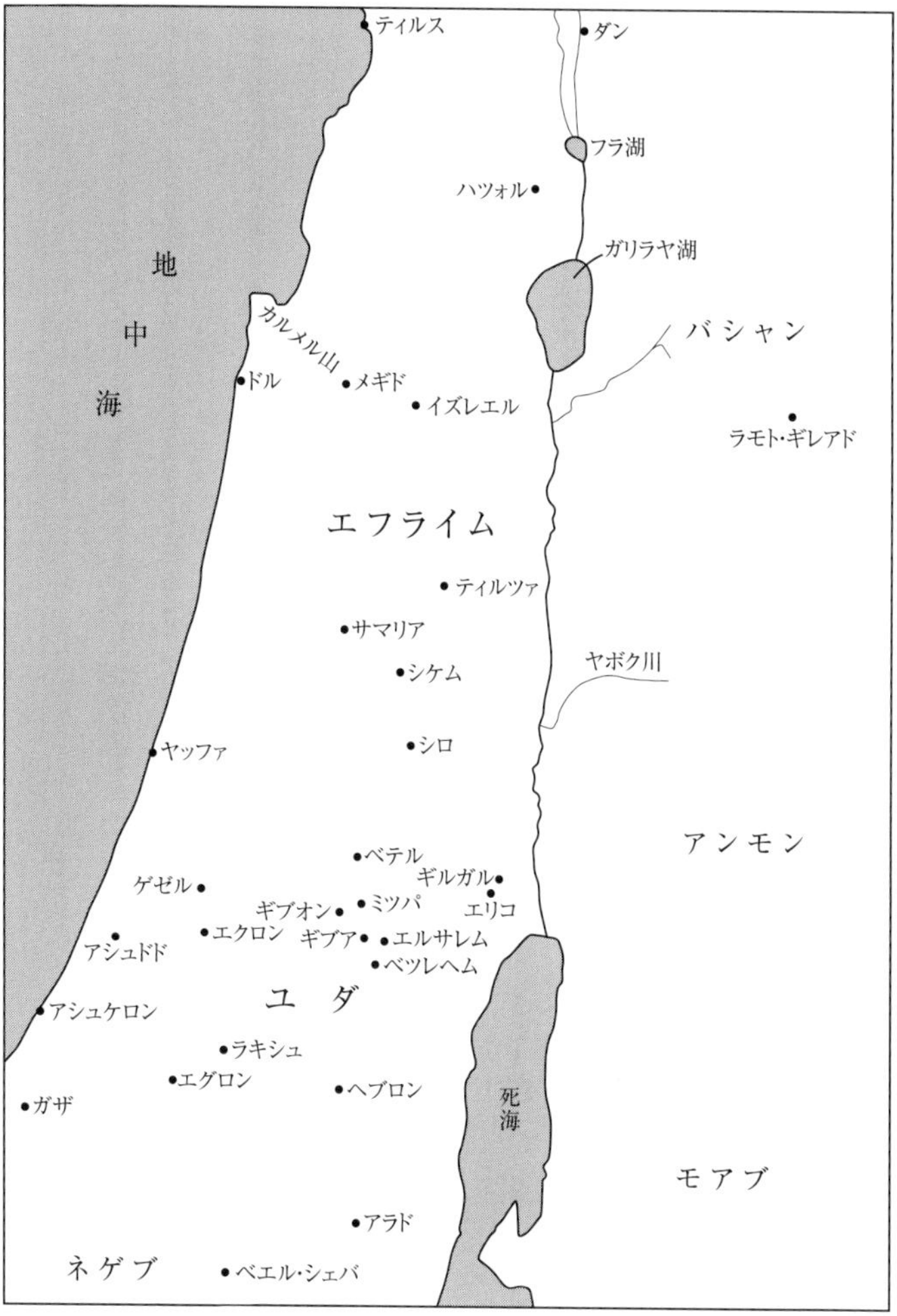

ティルス
ダン
フラ湖
ハツォル
地中海
ガリラヤ湖
カルメル山
バシャン
ドル
メギド
イズレエル
ラモト・ギレアド
エフライム
ティルツァ
サマリア
シケム
ヤボク川
ヤッファ
シロ
アンモン
ベテル
ギルガル
ゲゼル
ミツパ
ギブオン
エリコ
エクロン
ギブア
エルサレム
アシュドド
ベツレヘム
ユダ
アシュケロン
ラキシュ
エグロン
ヘブロン
ガザ
死海
モアブ
アラド
ネゲブ
ベエル・シェバ

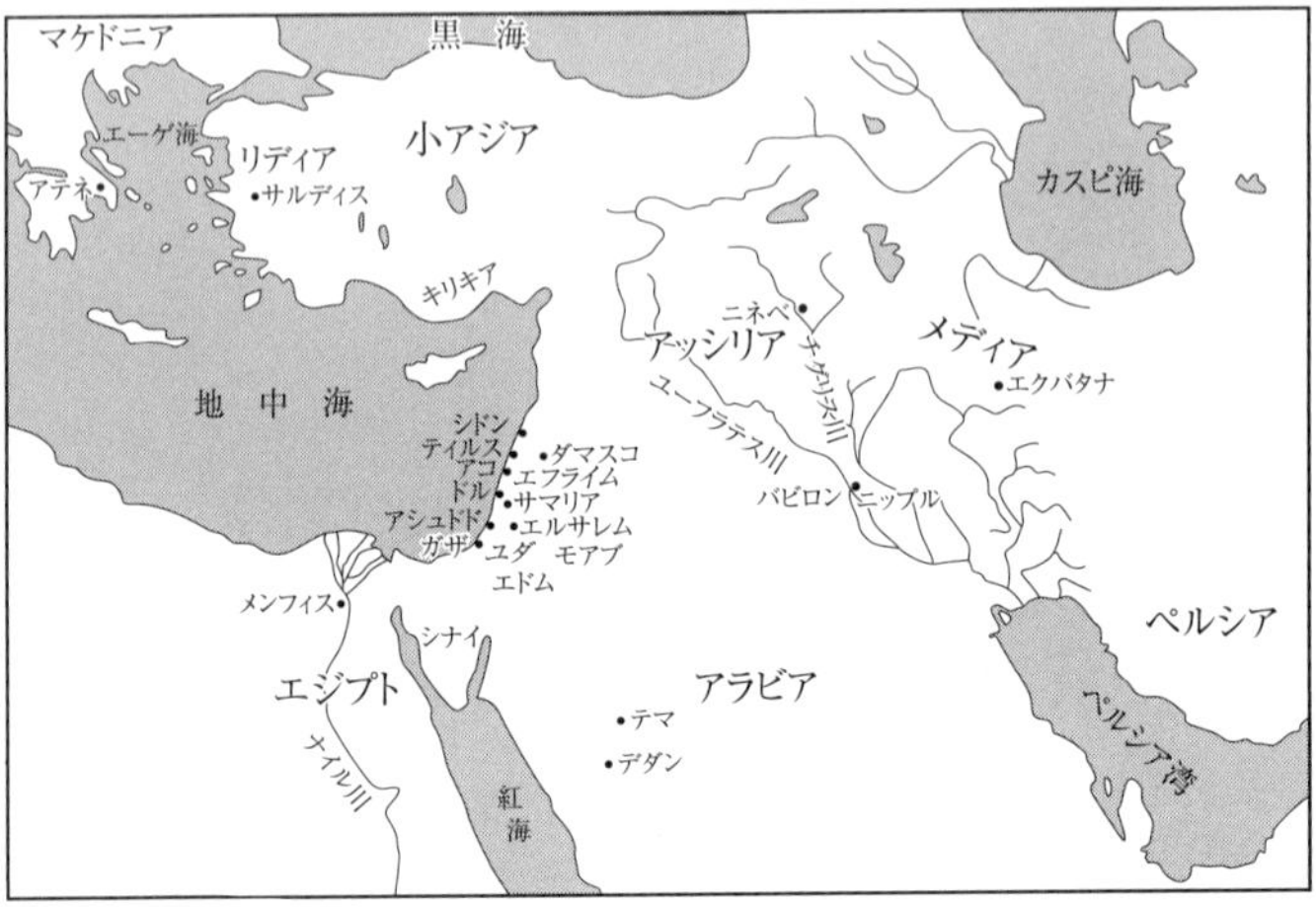

北の州〕からフロリダ〔東海岸の最南の州〕までに相当する〕はほんの一五〇マイルしかない。東から西までは、この土地は五〇マイルから八〇マイルだ。エルサレムはテルアビブからもアンマンからも四〇マイルほどしかない。

この小さな国土の中に、並外れた多様性が見られる。〔合衆国の〕大西洋海岸平野とアパラシアン山脈のように、〔地中海〕沿岸地帯やイズレエルには肥沃な平野があるが、内陸には険しい山脈がある。カナンとレバノンの山脈とヨルダンとシリアの山脈の間には、ヨルダン川の谷があり、この渓谷は北は浅く潤っているが、南に行くと険しく（エリコなどのオアシスを除いて）乾燥している。三〇〇〇フィート〔一フィートは三〇・四八センチメートル〕もの高さの山脈があり、世界一標高の低い海もある。この高い山に雪が積もっているのと同じ時、ほんの数マイルしか離れていない海の方では太陽が照りつける灼熱の砂漠だったりする。乾いた涸れ川には冬の短い期間だけ荒れ狂う激流が流れ、焼けつく陽に草木も枯れ果てた丘は春には花の絨毯になる。

カナンは南北に帯状に延びる四つの地域に分けられる――平野、ヨルダン川西岸の山岳地帯、ヨルダン渓谷、ヨルダン川東岸の山岳地帯である。そのどれも、北方に行くほど標高が高くなり、南に行くほど乾燥して作物を育てることは困難になる。

平　野

実用的な面では、この土地の最も重要な部分は平野部で、海岸に沿って帯状に延び、ハイファ湾から内陸に向かってV字型に広がっている（イズレエル平野）。幹線道路や鉄道はたいていこの平原に沿って走っている。最も肥沃な土地の多くはここにあり、果物、綿花、その他の作物が栽培されている（ただし、二〇世紀頃までは湿地帯だった土地もある）。しかし、海岸沿いの平野が最も広く山の南側を取り巻くように広がっている南部はネゲブ砂漠になる。ベエル・シェバはこの草原地帯の中枢となる都市で、アブラハムの時代にも現在と同じく重要な中心地だった。

カナンを支配してきた国々の多くは、この平野に集中している。イスラエルの民の入植以前と入植初期の時代には、ベト・シェアン、メギド、ゲゼル、アシュケロン、ガザなど、カナン人やペリシテ人の大都市がこの地にあった。のちにローマ人は平野部の海岸にカイサリアを建設し、近代では沿岸部、特にテルアビブやハイファ周辺にはかなり大きな都市が発達している。平野部を支配するのは常に先進国の方で、発展が遅れた国々は山間部で我慢していた。

イズレエル平野は、聖書で重要な戦いの場となっている。ここを舞台に、デボラとバラクはカナン人に勝利し〔士師4章〕、ギデオンはミディアン人に勝利した〔士師7章〕。ここで、サウルはペリシテ人の手にかかって殺され〔サムエル上31章〕、ヨシヤがエジプト人に殺された〔列王下23章〕。そして〔世界の終末には〕ハルマゲドン〔メギド山〕での来たるべき最後の戦いの舞台ともなる〔黙示録16・16〕。

この平野の南半分はニューヨーク州北部のような丘陵地帯――旧約聖書でいう「山地」〔丘陵地帯［hill country］〕、あるいは低地［lowlands］〕――によって山岳地帯と隔てられている。この丘は、ユダにとって、特にペリシテ人に対して自然な最初の防衛線をなし、ヨシュア、サムソン、ダビデの大手柄の舞台になった。

ヨルダン川対岸〔東岸〕

聖地の東の境界は、ヨルダン川の東側にそびえる山脈で、最終的にはアラビア砂漠に至る。最北にはヘルモン山があり、その頂上は聖地のすべての山をただの小さな丘に感じさせるほどの高さ〔標高二八一四メートル〕である。その南側、ガリラヤ湖の南東は、バシャン地方とギレアド地方で、かつては繁栄していたように見える〔ここの畜牛は有名だった〕。しかし、最近では戦争の舞台として悪名高い〔バシャン地方はゴラン高原である〕。新約聖書の時代、ギレアド地方には圧倒的にギリシア人が多く、ギリシア語でデカポリス、つまり「一〇の都市」と呼ばれていた。イエスはそこを旅した。

ゴラン高原を横切り、北東のダマスコから南のガリラヤ湖に至る道がある。この道は、イスラエルの祖先たちが通り（ヨルダン川を渡る浅瀬にはヤコブの娘たちの名前がついている）、ユダ人の亡命と帰還、サウロのダマスコへの旅路にもなった。サウロがイエスと出会ったのはゴラン高原から下るこの道であった（使徒９章）。

ギレアドと南の方の高原（アンモン、その南のモアブ、その南のエドムやイドマヤ）は今日ヨルダンの国の一部になっている。イスラエルの民は出エジプトののち、カナンに向かう途上でこの地方の民族と戦って勝利し（民数21章）、また、イスラエルの力が最も強かったダビデの時代にも彼らを打ち負かした（サムエル下10章）。しかし、彼らはしばしば、イスラエルにとって悩みの種となっていた。

ヨルダン川西岸

しかし、聖書の関心の中心はこれらの二つの帯状地帯ではなく、主にヨルダン川の西側の山岳地帯で、ガリラヤ、サマリア、ユダなどにある。北のガリラヤは旧約聖書にはほとんど出てこないが、新約聖書ではイエスの故郷として、また、彼の宣教活動の多くがなされた舞台として主要な地である。ここの山脈は西の地中海と東のガリラヤ湖から急勾配になっている――ただし、この山脈を越える東西の近道にはこと欠かない。ガリラヤの地名は、ガリラヤ湖があるのでこの名がついたというわけではなく、ガリラヤ湖の方が地名から名づけられた。そして、聖書では（そして今日でも）「ガリラヤ」は東にある湖よりも、この地域全体を指すことの方が多い（湖は、旧約時代も今日もキネレト湖と呼ばれている）。今日最もよく知られたガリラヤの町はナザレであるが、新約時代にはこれは、ほんの取るに足りない村落だった。ツファットも、今日のガリラヤでは最も重要なユダヤ人の町であるが、重要になったのは比較的最近にすぎない。

ガリラヤは肥沃な地域だ。ガリラヤでオリーブの林を育てる方が、真のイスラエルで子ども一人を育てるよりも易しいということわざがある。小麦やぶどうも豊かにとれる。さらに北に行くとガリラヤの丘はレバノン山脈になり、そこのヒマラヤスギの森は、ソロモンの神殿の木材になった。

サマリア地方はこの地の中心にあり、シェケム、シロ、ベテル、そして、現代のラマッラーや、オムリが建てた都でこの地方の名前になった町サマリアもある。これらの町は、一つの山脈をなす山々の尾根の上やその近くにあり、この尾根はこの地方全体の脊柱のように延びて、両側が西と東にくだる斜面になっている。この斜面はかなり緩やかで、平野から山脈まで行くかなり楽な道がいくつかある――特に、シェケム（ヨルダン川西岸地区北部の中心にある現代のナブルス）への道は、東にヨルダンへ行く楽な道でもあり、重要な交差路になっている。シェケムは、アブラハムが最初に泊まった場所で〔創世12章〕、ヤコブの井戸もあり〔創世29章〕、そこでイエスとサマリアの女性が出会った〔ヨハネ4章〕。契約の律法が読まれ、ヨシュアの時代に契約更新がなされた場所でもある〔ヨシュア24章〕。

北方では、山脈の山脚が北西に向かい、海に転がり込むような急勾配でハイファで地中海に至り、レバノンからエジプトまで続くまっすぐな海岸線がここでだけ中断されている。この山脈の北西の山脚には、エリヤがバアルの預言者たちと力比べしたカルメル山がある〔列王上18章〕。平野沿いに南北に走る交通路のほとんどはカルメル山のすぐ南東、イズレエル平野側でメギド山によって守られた戦略路のところで山脈を横切る。

サマリアとガリラヤはエフライムに支配されたイスラエルの北の諸部族に属する。これらの部族はソロモン王の死後、南王国とは独立した国を作っていた。しかし、前七二二年にアッシリアに征服され、住人のほとんどは外国人と置き換えられた。そのため、「サマリア人」といえば、宗教的にも人種的にも純粋さを欠き、半ば異邦人であると見られるようになった。同様にガリラヤは、異邦人のガリラヤとして知られるようになった（イザヤ8・23）。ここは北の果てで、蔑視された田舎だった。

ユダとサマリアは、だいたいヨルダン川西岸地区、つまり、ヨルダン川の西のカナン地方にあたり、一九四七年にヨルダン国の一部となり、一九六七年にイスラエル国に占領された地域と重なる。ほとんど切れ目なく見える山の尾根が南西に続き、サマリアが終わり、ユダ／ユダヤになる。なじみの場所――エルサレム、ベツレヘム、ヘブロン――を行く道が続いている。これらの町も、アブラハムとその子孫がカナンとの往来で通った道の途上にある。これらは、ヨセフ、マリア、イエスがナザレとエルサレムとベツレヘムを行き来し、南方に（この一家がエジプトに避難した時）旅した途上の町でもある。

ユダとサマリアの違いは、ユダの方がより孤立していることだ。東と西の傾斜はより険しく、エルサレムの南を横断するこれといった道もない。実際、東側は死海があるだけで行き来ができない。そのため、ユダの東部はほとんど人の住めるところではない。ただ、山脈の尾根と西側の斜面はよく潤っている。ここでは今でもぶどうが豊富に産出され、モーセの遣いで偵察に行ったヨシュアとカレブがここで見つけた大きなぶどうの房（民数13章）は、イスラエル観光省のシンボルになっている。

ヨルダン地方

説明しなければならない最後の地方は最も並外れている。ヨルダン「地溝帯」は広大な陥没地で、その亀裂は死海の海抜マイナス一〇〇〇フィートにも及ぶ。ヨルダン地溝帯の北端はカナンの最北から始まるが、これが私たちにとって重要になるのは、ヨルダン川を流れる水がヘルモン山の麓から湧き出す地点である。現代国家のイスラエルとレバノンとシリアが出会う地点で、山から豊かな流れとなった水がほとばしり出る。ヨルダン川は、真夏でも雪が山を通ってしみ出る水が流れ込んでくるため、一年中水が涸れない数少ない川の一つである。

この流れの一つの近くに、ベテルと同様、エフライムの宗教の中心の一つだったイスラエル人の町ダンがある。別の流れの近くには、有名なローマ人の町フィリポ・カイサリアがある。ペトロはここで、イエスがメシアだと認めた（マタイ16章）。福音書でフィリポ・カイサリアの出来事のすぐ後に書かれている、イエスの姿が弟子の前で変容した場面も、おそらくここの山だろう。

広いヨルダン渓谷はガリラヤの山脈とゴラン高原の間をくだってガリラヤ湖に至る。その途中にはカナン人の古代の町ハツォルがある。イスラエル人がやってくるまではこの町の王ヤビンがガリラヤを支配していた（ヨシュア11章）。ガリラヤ湖北部の沿岸地方は活気があり、イエスの時代には、ユダヤ人の町――コラジン、カファルナウム、ベトサイダ――が栄えていた。しかし、これらの町は（イエスが予言した通り）彼の時代のすぐ後に破壊されてしまった。湖の西岸を下って旅をして行けば、イエスの宣教活動の舞台となった数々の場所を通り、やがてギリシア人の町ティベリアスにたどり着くであろう。

ガリラヤ湖自体は、長さ一五マイル幅九マイルのハープ形をしている。海抜より低く、湿気の多い気候だが、新約聖書は物語にとってこれほど重要なこの地域の気候については何も書いていない。（旧約聖書には時に、気候のことが書かれている。たとえば、太陽のことや、自然の危険性について、また、予想外の勝利をもたらしうる鉄砲水についてなど）。おそらく湿度の高い夏の数か月の間は、人々はくつろいで長旅を避けていたのであろう。

ガリラヤ湖の南では、水が再び川となって、ヨルダン渓谷よりも幅の狭い谷を抜けて曲がりくねって南方に流れている。川の近くには木が密集して育ち、エレミヤ書12章では「密林」と呼ばれている。しかし、土地の標高が着実に下がるに従い、環境はますます乾燥してくる。流れのほとりに根を下ろした木は実を結び続けるが、水の源から離れれば枯れてしまう（詩編１編）という言葉を、この地域は例証している。地中海風には、風が山脈を超えてヨルダン側に到着するまでには、もう雨は残っていない。川のこの部分は、洗礼者ヨハネの宣教活動の場だった（マタイ3章）。エリシャがナアマンに、身を洗いなさいと言ったのもここだった（列王下5章）。ヨルダン川は、エリコの近くで死海に流れ込む（エリコはヨシュアの最初の有名な勝利の場所であり〔ヨシュア6章〕、イエスがザアカイ〔ルカ19章〕やバルティマイ〔マルコ10章〕に出会った場所であり、イエスの時代、エルサレムに上る過酷で危険な道の起点でもあった）。死海からは水はどこにも出て行かない。上方に蒸発するだけである。しかし、水の中のミネラルは蒸発しないので、蓄積して湖を（四〇マイルの長さの）死海――ヘブライ語では「塩の海」――にしている。エリコとエン・ゲディには真水のオアシスがあるが、ここは大部分が死の世界だ。アカバ湾へと南に続く水のない谷は、アラバの谷と呼ばれる。

カナンの地理と気候がどのような感じかを把握しようとしてみる価値はある。これがわかると物語の真意がよりよく理解できることがよくあるからだ。

第2部　神と神の民の物語

第１部では聖書の歴史を概観した。ここでは聖書の物語を見てみよう。これらはどう違うのだろうか。

聖書の歴史と私が言うのは、紀元前二〇〇〇年から紀元後一〇〇年の間に起こった飾らぬ実際の出来事のことだ。多くの歴史の文脈（エジプトの歴史、ギリシアの歴史、英国の歴史、合衆国の歴史など）のうちのただ一つの流れの中で、特に目を引く主要なことがらを私は述べた。これらの出来事をできる限り事実に即して記述し、政治や社会の発展を書きとめ、物語をその時代の大きな国際的な歴史の背景に位置づけようと努めてきた。神学的なことは避け（神についてはほとんど言わなかった）、道徳も避けた（誰かがしたことを、ああすべきではなかったなどとは示唆しなかった）。このようにして、ユダヤ人の歴史、あるいはキリスト教の教会の歴史は、アラブ人の歴史や一つの政党の歴史と同じくらい事実に即して――これらのどの例においても、書き手の先入観や時代の影響は出てきてしまうであろうが――書くことができる。

しかし、そのような客観的歴史は、聖書が描こうとしているものではない。この意味で、聖書を歴史書として扱うのは間違っている。

とは言っても、すぐに言い足しておかねばならないが、聖書は、起こった出来事を伝える物語という意味では、一つの歴史書である。ハンス・アンデルセンの本とは異なり、小説ではない。聖書に記されている出来事の多くは、他の古代の文書にも記されている。たとえば、バビロンの人々はエルサレム占領について彼ら自身の記述を残している。ローマ人にもナザレのイエスのことを述べておく理由があった。聖書自体、物語中の出来事は実際に起こったことであると、強調している。イスラエルの人々の神が実際に行為したからこそ、この民は自分たちの神が真に神であると知ることができた。イエスが死人のうちからよみがえったからこそ、彼の弟子たちは人々に、イエスを信じるように訴えることができたのである。

それでもやはり、これらの出来事が語られている物語は、今日の西欧で書かれているような歴史とは異なる。聖書の書き手は、純粋に「歴史的な」意味には関心がない。政治や文化や社会の発展自体にも関心はない。書き手の関心は、神が自分の民をどのように扱っているか、民がどのように神に応答しているか、そして、この物語が読者にとってどのような教訓となるかにある。彼らは伝えたいのである。物語を興味深くし、のちの読者が理解できるようにし、この物語が彼らにとっていかに意味があるかを示したいのである。

現代の西洋人には「これは本当に起こったのか」とか、あるいは、「彼らは本当にこれが起こっていると考えたのか」と問うことは自然かもしれない（もし私たちが、それが起こりえなかったと知っているか、知っていると思っていればである）。蛇は後ろ足で立ってエバに話したのか。エリコの城壁は崩れたのか。魚はヨナを飲み込んだのか。これらの問いに答えることはしばしば不可能なので、異なる取り組み方をすることで満足しなければならない。書き手は、自分たちの物語が基本的には史実であるとの含みで書いているが、それを物語として書いた話に私たちが応答し、これが何を意味するのか、何を言おうとしているのか理解するように招いている。

つまり、聖書の書き手たちが同世代の人々に神の言葉を伝える一つの重要な方法が、物語を語ることだったのだ。同じ物語が何度も語りなおされることになった。異なる教訓を引き出す必要があったためである。このようなわけで、新約聖書には四つの福音書があり、それぞれに異なる強調点と使信がある。ダビデ王から捕囚までの歴史には、サムエル記―列王記と、歴代誌の二つの記述があり、これら二種類の記述は異なるメッセージを異なる時代（捕囚期そのものと、神の民が捕囚から帰還した後の時代）に伝えるために書かれている。

天地創造からモーセまでについても複数の記述がある。ただ、それらの記述は聖書の最初の四つの書の中で一つにまとめられている。そのようなことがなされたことを示すしるしは、四つの書の中でしばしば同じ話が繰り返されていることだ。たとえば、天地創造は二回語られ（創世1―2章）、神がモーセに自分の名を明かしたことは二回（出エジプト3章、6章）語られている。これらの反復は、物語に二つの異なる記述が編み込まれていることを知る鍵となる。キリスト教の時代に人々が四つの福音書を一つの物語に編み上げ、人々がイエスの「物語をまるごと」一冊の本で読めるようにしたのと同様のことがなされたとわかるのである。

聖書の最初の五つの書を構成する糸は解きほぐして見ることができる部分もあり、物語が異なる時代の人々によってどのように適用されたのかがわかる。本書でもその例をいくつか見る。しかし、そうした考察は推量に頼るしかないので慎重に行なわなければならない。もともと別個の話だったものが一つにまとめられた物語しか残されていないからには、本書ではむしろそれに集中することにしよう。

第3章　始まり——創世記～民数記

聖書の最初の五つの書は、（ユダヤ人には）「トーラー」、（キリスト教徒には）伝統的に「モーセ五書」と呼ばれてきた。しかしこれら自体には、モーセによって書かれたとは書かれていない。昔の英訳聖書には「モーセの最初の書」（the first book of Moses）というような書名が書かれているが、これは聖書テキストの一部ではなく、ヘブライ語の聖書原文にはない。ただそれでも、モーセはこれらの書の中で圧倒的に重要な役割を果たしており、出エジプト記から申命記に書かれている出来事の情報源は、究極的にはおそらく彼である（モーセは創世記には登場しない）。

トーラーは最初の五つの書をまとめてモーセ五書として見られるが、神がイスラエルの祖先たちとの約束を守り、成就させたことが記録されているのはヨシュア記なので、ある意味で、最初の六つの書は一つのまとまりとして考えられる。

- 創世記１―11章　世界の始まり
- 創世記12―50章　イスラエルの先史時代——神の約束が与えられる
- 出エジプト記１―18章　イスラエルのエジプトからの解放（いくつかの指示が与えられる）

• （出エジプト記19―40章、レビ記、民数記1―10章　シナイ山での指示［いくつかの物語もある］）
• 民数記10―36章　カナンへ向かうイスラエルの旅（いくつかの指示が与えられる）
• （申命記　ヨルダン川対岸で指示が与えられる［いくつかの物語もある］）
• ヨシュア記　イスラエルのカナン入り――神の約束が成就する

「トーラー」（Torah）というヘブライ語はしばしば「律法」（law）と訳されるが、それより広い意味があり、英語の言葉では「教え」（teaching）が最も近い。五書には律法だけではなく、イスラエルの民が神の民となった次第や、彼らがいかにしてカナンの地の国境に到達したかも書かれている。また全世界に対する神の扱いがイスラエルの祖先への扱いを中心に語られ、それが五書の枠組みをなしている。礼拝などについての規定も物語のこの枠組みの内に入っている。「トーラー」あるいは「教え」は、さまざまな指示を中心に置いた物語である。

そして、聖書の最初の物語は申命記とヨシュア記で終わる。これらの二つの書には、来るべき約束の地での生活の展望とそこでの生活の物語の始まりが書かれ、それは、続く士師記、サムエル記、列王記で主要な関心事となっている（表3・1を参照）。そこで、本章では、創世記から民数記までの最初の四つの書を見ることにしよう。

序	イスラエルの起源	イスラエルの物語が脱線しそうになる次第	カナンの地でのイスラエルの物語
創世記1－11章	〈神の約束〉 創世記12－50章		
	〈約束の成就〉 (a) 出エジプト記1－18章		
	(b) 契約 出エジプト記19章～民数記10章	〈1世代の遅れ〉 民数記11章～申命記	
	(c) カナンの地 ヨシュア記		〈カナンの地での問題〉 士師記～サムエル記上7章
			〈解決〉中央政府と神殿礼拝 サムエル記上8章～列王記上12章
			〈解決の破綻〉 政府要人の捕囚、神殿崩壊 列王記上13章～列王記下25章

表3.1　創世記から列王記までの歴史のあらすじ

人間の物語（創世記１—11章）

聖書は、神が世界と人間を創造した時の描写（創世１—２章）で始まる。神はアダムとエバに園を与え、そこに住んで働くことができるようにしたが、彼らは神の指示を無視して園から追放される。二人の子孫はエデンの東での生活に対処しようと奮闘するが、状況は悪化して、ついに神が世界を滅ぼしかけるところまでゆく。大洪水の後、状況は再び悪化し、神は一人の人を召命して新しくやりなおす。彼がイスラエルの祖先となり、手本となるアブラハムという人である。

このように、聖書は世界と人間の原初の歴史についての物語で始まる。これは驚くべきことだ。他の国の歴史で、世界創造から始まるものなどない。他の古代宗教にも創造物語はあるが、それをこのように自分たちの歴史と結びつけるところまではしていない。古代の人々も現代の人々も、創造と歴史を切り離したままで見ているが、イスラエルは結びつけているのだ。

これらの創造物語がいつ書かれたのかはわかっていない。創世記は書き手が誰なのかを告げていない。けれども、創世記全体と特に関連の深い状況が少なくとも三つある。

第一は、モーセ自身の時代の出エジプトである。創造物語は、〔出エジプト記の〕贖いの物語の序章になっている。イスラエルを贖った神は、世界の創造主と同一視される。創世記の最初の数章は、創造された世界がいかに堕落してゆくかを描いている。それは贖いの物語への期待に結びつき、神がこの世界を見捨てなかった様を描く。創造主として、神は世界を深く気にかけており、贖ったのである。

創造と出エジプトをつなげているのはイスラエルの祖先たち――アブラハムとサラ、イサクとリベカ、ヤコブとその家族の物語である〔創世12―50章〕図3・1を参照）。これらの物語が語るのはイスラエルの原初の歴史だが、その重要さは、神の出エジプトの行為によって成就した神の約束がここに記録されていることにある。創世記の物語には、出エジプトがあらかじめ考え抜かれたことであり、思いつきの行為ではないことが示されている。神はアブラハムの神となり、彼の一族を一つの国民にして土地を与えると誓約し、その約束を成就するのである。

創世記と結びつけることのできる第二の状況は、ダビデとソロモンの業績からなる、イスラエルの歴史の絶頂期である。イスラエルは世界の中で新しい地位を得ている――かなり大きな国家になり、他の民族を支配下に置いていた。創造の物語は、イスラエルの民に権力の限界や、蛇（カナン宗教における重要な象徴の一つ）の誘惑や、イスラエルが支配している世界についての神の目的を思い出させる。アブラハムの物語は、イスラエルに、今やより完全に成就された神の約束や、イスラエルの祖先たちとエルサレムの都のつながりを思い出させる。この都で、メルキゼデクはアブラハムに敬意を表し（創世14章）、アブラハムはイサクを犠牲としてささげようとした（創世22章）。ヨセフの物語はイスラエルに、人間のさまざまな決断を通して神がいかに目には見えない仕方で働くか、いかに何かしらの方法で万事が一つになって神の民の益になるように計らうかを思い出させる。ソロモンを王位に導いたさまざまな出来事においても、神はそのように働いたのだと、気づかせるのである。

創世記と結びつけることができる第三の状況は、捕囚である。創世記は捕囚という大惨事の時代に、エゼキエルなど当時の預言者たちに同様のメッセージを伝えている（本書第9章参照）。神は恩寵の神であると言明し、私たちが失敗してもすべてが失われたわけではなく、神は変わらず信実であり続けてくれると示唆しているのである。そして最初の創造に表されている、無償で与えられる神の恵みを強調する。洪水の時代にも続いた神の信実を言明する――惨事は来るかもしれないが、それが神の最終的な判決を表しているわけではないのだ。そして、アブラハムへの神の約束は、アブラハムが神の愛顧を得るようなことをまだ何もしていないときに与えられたことを、イスラエルに思い出させる。パウロが訴えているのは創世記のこの点である（ローマ4章）。アブラハムは、ただ神の約束を信じただけである――彼は、ただそのことのゆえに神の人として扱われたのだ。そして今、捕囚にあってこの物語は、あなたたちは神の約束を再び信じることができるか問いかけられているのだ、と示唆している。

この点は、神の契約が創世記でノア（創世9章）とアブラハム（創世15章）に対して結ばれたという記述によって強調されている。人々と神との契約関係は出エジプトで（生活様式の指示が与えられた時に）始まったわけではなく、それよりずっと以前に（従うべき指示がまだ何もない時に）始まった。この関係は恩寵の関係である。ひとえに、神の恵みから来ているものなのである。

創世記と捕囚の関係は、物語に出てくる特別の慣習に表れている。捕囚や離散の状況下では常に、ユダヤ人としての外的な特徴が重要だった。たとえば、安息日を守り、基本的な清浄規定に従った食べ物を食べ（動物を殺した時には血を抜くことによって、血を食べることを避ける）、男性は割礼を受けることなどである。捕囚にあっては、そのような習慣を守ることによって自ら進んでユダヤ人であると表明することが、困難な課題として突きつけられたのである。

創世記は、これらの習慣はモーセ律法以上に大きな権威を持っていると言明することによって、捕囚の民がこの課題を満たす助けをしている。割礼はアブラハムにさかのぼる（創世17章）。食物の清浄規定はノアにさかのぼる（創世９・４）。そして、安息日は世界創造の時の神自身の行動パターンにさかのぼる。すなわち、神が一週間働いたのちに休息をとったということである（創世２・２）。このように、イスラエルの民を他と区別するこれらの特徴の重要性が重ねて強調されているのである。

これらの物語はこのように、イスラエルの生活のさまざまな時期と関係し、そのことは科学的な物語として扱われたなら生じるような問題を避ける助けになる。科学的発見の数々と創造物語を適合させる道はいろいろある。しかし、もしそのことだけを考えるなら、創世記の要点を逃すことになる。創世記の関心は、書かれた当時の人々に、彼らが自分たちの生活を理解して真実に従うようになるためのメッセージを伝えることにある。その問題は、世界が六日で造られたかどうかではなく、むしろ、この世界がそもそも目的をもって造られたかどうか、である。それとも、世界はバビロニア人が考えたように神々の間のささいな口論の結果なのだろうか、あるいは、神を信じない現代の科学者が信じざるをえないように、創造は単なる偶然なのだろうか、ということなのだ。創世記は言明する――世界は何者かによって計画され、何者かに属し、その何者かがこれは善いと考えたものだ、と。

イスラエルの祖先たちへの約束（創世記12―50章）

こうして、世界の物語はイスラエルの祖先となった一つの家族に至る（かつては彼らは通常「父祖たち」と呼ばれていたが、父祖［patriarchs］という言葉は男性だけに当てはまる——そして、その派生語「家父長の、家父長制の」［patriarchal］は今日ではしばしば良くないイメージで考えられる）。アブラハムの氏族はメソポタミアからカナンに呼び出される。すべての舞台を設定する鍵となる一節は、アブラハムに対する神の呼びかけである。

「あなたは生まれた地と親族、父の家を離れ／私が示す地に行きなさい。私はあなたを大いなる国民とし、祝福し／あなたの名を大いなるものとする。あなたは祝福の基となる。あなたを祝福する人を私は祝福し、あなたを呪う人を私は呪う。地上のすべての氏族は／あなたによって祝福される」。（創世12・1—3）

この約束は創世記で数回繰り返され、アブラハムとサラ、イサクとリベカ、ヤコブとその家族の人生は、この約束がある程度、彼らの生きている間に成就する様を実際に見せている。イスラエルの祖先たちは作り物の完璧な英雄ではなく、神に選ばれたが人間なりの過ちを犯し、彼らが希望しているものを予想外にも逃してしまう危険が常にあるような、本当の人間なのだ。

これらの章も、先に書いた三つの背景（出エジプト、ダビデとソロモン、捕囚）に照らして読む価値がある。第一に、土地の授与の約束は、イスラエルの民の出エジプトの物語と直接に結びつく。モーセを動かした約束は、今や「先祖の神」が自身の民に、カナンで恒久的な故郷を与える事業を成就するということだった（出エジプト3章）。イスラエルの民はエジプトから逃避すると、ヨシュアの指揮

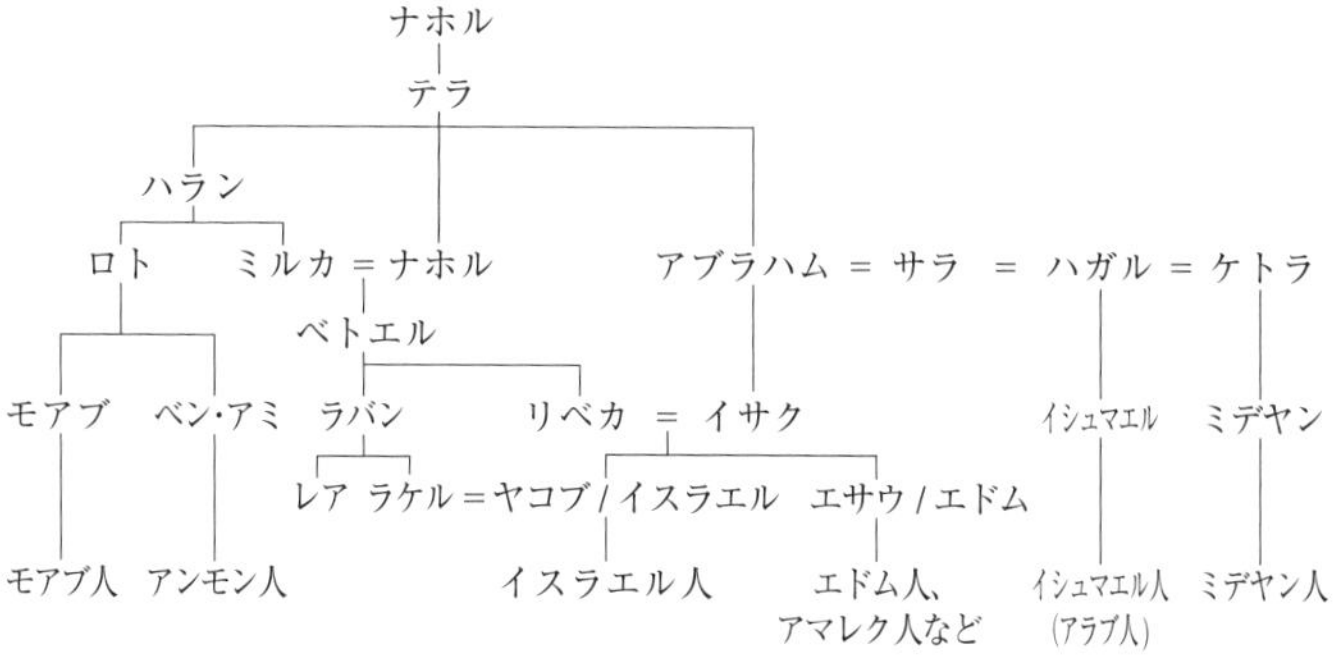

〈ヤコブの息子たち（イスラエル12部族の族長）〉
レアの子――ルベン、シメオン、レビ、ユダ、イッサカル、ゼブルン
ラケルの女奴隷ビルハの子――ダン、ナフタリ
レアの女奴隷ジルパの子――ガド、アシェル
ラケルの子――ヨセフ、ベニヤミン

この系図では、子どもたちは必ずしも年齢順には記されていない（たとえば、ヤコブはエサウより年下である）。

図 3.1　アブラハムの一族

でカナンの地を侵略したが、それは、神がすでに彼らにカナンを与えると約束していると信じていたからである（ヨシュア1章）。彼らの軍事行為の最後に、ヨシュアは「あなたがたの神、主が約束されたすべての恵みの言葉のうち、実現しなかったものは一つもなく、ことごとくあなたがたに成就した。私たちに実現しなかった言葉は一つもなかった」（ヨシュア23・14）と証言することができた。

　約束と成就のテーマは聖書の最初の数書に一貫している。神はアブラハムの一族に、彼らを偉大な民とし、彼らと契約を結び、彼らに土地を与えると約束する（創世17章）。この約束は創世記で何度かくりかえし宣言されるが、その成就についての証拠は創世記にはほとんど見られない。一族は増えてゆくが、依然として一〇〇人に満たない。

彼らはカナンの地を放浪するが、再び出て行かざるをえない。彼らは神の声を聴き、礼拝はするが、それ以上神に近づいた生活をするようになったわけではなく、神に語りかけられたにもかかわらず、神に語りかけられたことのない民と同様の混乱した生活をしていた。

のちの新約聖書の記者たちは、「アブラハムへの約束」がキリストを通して成就された、そして、旧約聖書の約束は未来のキリストを指示しているのだと信じた。しかし、旧約聖書の中では、アブラハムへの約束はイスラエルの民がエジプトを脱出した時に成就し始める。

出エジプトの物語（出エジプト記1―18章）

出エジプト記、レビ記、民数記では、イスラエルの民はエジプトの苦役のくびきから逃れ、シナイ山で神と出会い、約束の地に入る地境にまでやって来る。これらの書は一つの連続した物語を語るもので、三つの別個の書ではない。物語をいくつかのエピソードに分けることはできるが、出エジプト記の終わりにもレビ記の終わりにも、自然な切れ目はない（表3・2が示す）。

出エジプト記は、神の約束の第一段階がすでに成就したところから始まる。一族はすでに一つの民となっている。約束の残りの成就はまだずっと先のことである。イスラエルの民はエジプトで奴隷にされ、意気消沈していた。今日、アフリカ系アメリカ人や第三世界の国々の人たちなど、迫害されている民族がエジプトでのイスラエル人を自分たちと同じだと共感して見てこられたのも驚きではない。彼らが被った迫害の物語には現代的な響きがある。

ところが彼らをエジプトから脱出させたのは、非常に非現代的なものである。それは神の業だった。神は、自分が約束を成就し、自身を新しいやり方で、ヤハウェ（Yahweh, 昔の翻訳ではエホバ［Jehovah］となっている）として啓示すると宣言する。ヤハウェとは、「そこにいて、自身の存在を感じさせてくれる神」というような意味である。

神はモーセという一人のイスラエル人にこのことを請け合う。モーセは、子どもの時に危うく死を免れて、エジプトの宮廷で育てられた。しかし今、はっきりと、上流階級の外側にいる人々の側に立ち、エジプトの王に、イスラエルの民を解放して、彼らの神のために宗教祭儀をしに行かせるように申し立てる。神はモーセを用いてイスラエルを去らせるように王を説得するために、さまざまな災いを送る。しかしエジプト人は、彼らの長子が皆殺され、彼らの軍勢が葦の海（私たちが現在、紅海と呼ぶところではなく、おそらくスエズ運河地域の沼地）で全滅させられるまで抵抗する。

この物語は劇的で血なまぐさい。これは聖書が現実世界を描写する典型的な描き方で、ここには、私たちがテレビのニュースで見るような世界がある。出エジプト記は、イスラエルの神がこの世界に関与し、自分が真の神であって、エジプトの王や神々は真の神ではないと証明したと宣言している。イスラエルの神はエジプトの王や神々を、彼ら自身の土俵で打ち負かすことができたのだ。

出エジプトの勝利は、イスラエルの民の思考の中で中心的な位置を占める重要な出来事となった。これは、神が彼らと共にいることを証明した。これが、神が彼らの生き方にさまざまな要求をすることの根拠だった。そして、これは民に、未来に神が行なう業への希望を抱かせ、その時には自分たちは新しい出エジプトを経験するだろうと考えさせた（特に、囚われの状態が新たにされた捕囚期にはそうであった）。これは、彼らが時の数え方を変更する根拠になるとさえ考えられた。彼らは過越の祭りを行なうようになったのである（神がエジプト人にイスラエルの人々を「過ぎ越した」時［出エジプト12章参照］からだ）。これ以来、イスラエルの人たちは過越の祭りを新年のはじめと数えている。彼らは過越の祭りの日には特に、出エジプトの物語を語ったであろう。そうして物語が失われないように伝えて、今日出エジプト記で語られている物語へと発達させてきたのであろう。

イスラエルの信仰の重要な特徴は、彼らが、自分たちの神は一つの目的をもって自分たちの歴史において ずっと働いていると知っていることである。他の国の民もまた、自国の神々が自分たちの国の運命に関与しているだろうと思ってはいる。物事がうまくいかない時には、何らかの理由で神々の機嫌が悪いのだ、などと（今日の人々にも、同じように考える傾向は見られる）。神や歴史についてのイスラエルの民の見方は、より深く考え抜かれたものだ。その物語は、偶発事を寄せ集めた一章ではなく、大きな出来事からありふれた日常の事柄まで、最初から最後まで神が関与しているものである。神は単に世界を動かし始めた方であるだけではなく、自然の背後の力にすぎないわけでもなく、人々の宗教行事にだけ関心があるわけでもなかった。新聞に出ているような出来事の背後にも働いている神だった。それらの出来事における神の目的は必ずしもすぐにはわからないが（目的が何であるかを私たちに告げてくれる預言者がいれば別である）そこで働いている目的は確かにある。

イスラエルのこの基本的な確信は、神が初めて自らこの民の歴史に関与し、迫害されていた民を苦しみから救い出した出エジプトの物語にさかのぼる。

シナイ山でのイスラエルの民（出エジプト記19章〜民数記10章）

エジプト脱出の心躍る物語の後で、イスラエルがシナイ山の近くで過ごした二か月の記述は退屈に感じられるかもしれず、聖書の読者はここで行き詰まってしまうかもしれない。一度目に読む時には、民が「契約」を結び、破り、新しく結びなおすという、物語の基本的なあらすじをただたどるだけでも価値がある（表3・2参照）。多くの章からなる出エジプト記の残りの大部分は（表の左から二番目の欄）、イスラエルの宗教制度——聖所の天幕、祭司制度、聖なる宿営など——の制定にかかわる。その残りの部分は、イスラエルの宗教生活に関する一連の指示である。その内容のほとんどについては、本書の第8章で、イスラエルの生活の規則について述べる際に扱おう。ここで指摘しておく価値があるのは、指示はそれだけで独立して書かれているのではなく、すべて物語の文脈において書かれているということだ。すでに指摘しておいた通り、「トーラー」には物語と律法の両方の意味がある。

神の指示の内容は、他の中東の民族が受け入れている生活様式についての指示と似ている。しかし、これらの指示は、旧約聖書では独特の文脈で現れる。神がイスラエルのためにしたことの物語と結びついているからだ。このつながりについてはいくつかの理解の仕方があるが、どれもそれぞれ異なる点で適切であろう。十戒（出エジプト20章）は、「私は主、あなたの神、あなたをエジプトの地、奴隷の家から導き出した者である。あなたには、私をおいてほかに神々があってはならない。あなたは自分のために彫像を造ってはならない」（出エジプト20・2—4）と始まる。神は、自分がイスラエルを

物語の主筋 契約締結	ヤハウェの共同体の形成	詳しい規定と施行規則
出エジプト記16－24章 指示が与えられる	出エジプト記25－31章 聖なる幕屋と祭司職についての指示	
出エジプト記32－34章 民の反抗と戒めの再授与（restoration）	出エジプト記35－40章 聖なる幕屋の建設	レビ記1－7章 献げ物の規定
	レビ記8－10章 祭司職の制定	レビ記11－15章 穢れたものについての規定
	レビ記16章 贖罪の規定	レビ記17－27章 聖性についての規定
	民数記1－10章 進軍の準備	
（イスラエルがシナイを発ってからの主筋は、民数記10章に続く。）		

表3.2　出エジプト記16章～民数記10章

救出した業ゆえに、自分にはイスラエルの民の生き方を定める権利があると示唆している。神は自分が民に対して信実な神であることを示した。それゆえ、イスラエルは互いに信実でなければならない。神は自分が聖なる者であることを示した。それゆえ、イスラエルは聖なる者とならなければならない。

神が期待する生き方を強調されることは、重荷に感じられるかもしれない。新約聖書ではそう見られていることもある。しかし、ユダヤ人たちはそのようには見てこなかった。そのことは信仰と従順についての他の二つの見方によって理解できる。

一つは、イスラエルが神の指示を神がイスラエルに与えた恵みの贈り物として見たことだ。神が押しつけた制限集ではなく、神の民を最良の方法で導くための一連の手引きとして見たのである。イスラエルの民をエジプトから導き出したことと、指示を与えることはどちらも、神の恵みの実現なのだ。もう一つは、神の指示に従うことを神が自身の民のためになしてくれたことに対する感謝のふさわしい行為であると、神の民が見ることだ。この洞察については、申命記を見る時に検討しよう。

イスラエルのシナイ時代の物語の中心にある驚くべき重要なことは、契約の破棄と再締結の記述である。モーセがシナイ山に姿を消すや否や、イスラエルの人々は、十戒で禁じられているのに、勝手に偶像──異なる神の像を造って礼拝したのではなく、ヤハウェの表象ではあったが、人間の手で神を表す像を造ったのである（出エジプト32章）。神はこの行為のために民すべてを滅ぼしかけるが、物語が明らかにしているのは、エデンの園の罪（人間が、神に与えられたたった一つの禁止命令を即座に破ってしまう）は神の民の物語の特徴ともなるということだ。イスラエルという民もただの人間にすぎないのだ。

約束の地の地境までの旅（民数記11―36章）

物語の次の部分でも終始、シナイでの物語で見られた反抗のモチーフは続く。イスラエルの民は、シナイに着く前からすでに、モーセや神の善意と力を疑っていた（出エジプト15―17章）。そうした調子は、民数記全体で顕著に見られる。実際、民は神がイスラエルを呼び出した目的に反抗しさえする。

民はエジプトを出たりしなければよかったと悔やむ。神は、彼らの不信仰ゆえに、この世代は一人も約束の地には入れないだろうと宣言する（民数14章）。そうして、一世代の間、この民はシナイ半島北部とネゲブで放浪の生活を送る。このことには何も本質的に危険なことや珍しいことはない。この地方では他の民も、当時も今も放浪生活をしている。しかし、イスラエルにとってはこれは、神が彼らに土地を与えるという約束の成就の遅れを意味し、その意味で、一つの懲らしめであった。

イスラエルは約束の地の地境に行きついた時、「ベオルの子バラム」（民数22―24章）に出会う。創世記から民数記までの終わりに近いここで、創世記で神の約束と結びついて現れた祝福と呪いのテーマが再び現れ、約束の成就が近づく。バラムはイスラエルを呪い妨げるべく、〔モアブの王バラクに〕雇われた。しかし彼は、自分が彼らを祝福することしかできないと悟る――彼らは力と繁栄を享受するだろう、と約束するほかはないとわかるのである。神がかつてアブラハムに宣言したように、バラムは「イスラエルを祝福する者は祝福される」（民数24・9）と宣言する。創世記との関連で見たように、このような物語は、出エジプトの世代にだけではなく、（たとえば）祝福の約束が最も明らかに成就したソロモンの時代や、イスラエルの人々が再び約束の地の果てに追いやられ、神が祝福の約束をもう一度成就してくれることを必要としていた時代に生きていた人々にも力強く語りかけたであろう。

第4章　勝利から敗北まで――申命記～列王記

申命記はトーラーに属しているが、続くヨシュア記、士師記、サムエル記、列王記にも視線を向けている。申命記はイスラエルの民に、カナンでの生活の基盤を与える。申命記に続く数書には、イスラエルの民がどのようにこの地に入ったか、彼らが申命記の教えを真剣に受け取らなかったために、結局どのように、この地で出会った問題に対処できなかったかが描かれている。

申命記から列王記までの今日の形は、捕囚期（あるいはそれ以降）に完成した。列王記下の物語は、この時期のことまでで途切れている。しかし、これらの書には、それ以前の何世紀もの多くの資料が含まれている。創世記から民数記と同様に、これらの書もいくつかのレベルで読むことができる。これらは、これらが書き表している時代のことを教えてくれ、また、これらが書かれた時代の信仰についても教えてくれる。

申命記

申命記はモーセがヨルダン川対岸〔東岸〕で死ぬ前に行なった最期の演説である。神を真剣に受け取るように強く勧告する言葉に満ち、実際のところ、演説というよりはむしろ説教と言える。モーセはくりかえし呼びかける。「聞け、イスラエルよ。私が今日あなたがたの耳に語る掟と法を。これを学び、守り行いなさい」（申命５・１）。「あなたの神なる主を愛し、主の戒めを常に守りなさい」と。

聖書の他のいかなる書にもまして、申命記は神と神の民との関係を、偉大な王とその臣民との関係という光に照らして描いている。この関係については、当時の政治契約からいくぶんわかっている。それらの契約では、偉大な王が自分の臣下に自分たちの過去の関係を思い出させ、将来に期待する忠義の態度を述べ、なすべきことのなし方について特別な要請を加えることもある。そして臣下に、忠義か不忠義かによってもたらされる良い結果や悪い結果を思い出させている。

申命記のモーセの説教はこのような形に従っている。

１―３章　神と民の過去の関係を思い出させる
４―11章　神が今、要求する態度
12―26章　神の特別な要請（これらの法は、一つの契約に基づいた文書で通常予期されるよりもずっと長い。また、申命記は中東の契約関係にだけではなく、この地方の諸法典にも影響を受けている。）
27―28章　もたらされるであろう結果
29―33章　結びの言葉（ここには、契約の形を思い出させる特徴的な内容がいくつか含まれている。文書として書き記し、神殿〔申命記に記された出エジプトの段階では「契約の箱」〕に置くことなどである。)

申命記で要求されていることの詳細は第8章で見よう。ここでは、最初の要求は、イスラエルの民の礼拝がヤハウェが選んだ場所でのみ行なわれることを求めるものであり、これがユダの最後の敬虔な王であるヨシヤの宗教改革の重要な鍵だったことを記しておく価値はある。この改革は、エルサレム神殿の保管庫で見つかったトーラーの一つの書が要求する戒めの実行を含み(列王下22章)、その書は、私たちが今日申命記と呼ぶものの何らかの形だったようである。申命記的な物事への取り組みの影響はエレミヤ書(エレミヤもヨシヤ王の時代に生きていた)や、列王記(申命記の後、まもなく完成した)にも見られる。申命記に固有の言い回しや強調点は、これらにも表れている。

神が選んだ場所でのみ礼拝を行なうことの重要性は、これらの書が共有している、イスラエルの神に忠実であることへの関心のうちにある。礼拝のための聖所はカナン全域にあり、この地の異なった場所に住むイスラエルの人々がそれぞれの場所で礼拝するのは自然なことだった。しかし、これらの聖所の起源は、豊穣を願いバアル神を礼拝するカナン人の宗教にあった。イスラエルの人々がこの宗教の影響を避けるのは難しかった。申命記はこれを防ごうとした。ヤハウェに対する忠実さが、根本的に重要なのだ。申命記自体は「ヤハウェが選んだ場所」がエルサレムであるとは言っていないが(申命記はヨルダン川対岸を舞台としている)、ヨシヤはそうと理解した。

ヨシュア記

ヨシュア記は、ヨシュアの物語である。この書は、イスラエルがまだヨルダン川対岸に宿営を張っていた時、ヨシュアがイスラエルの指導者になって最初に行なった、イスラエルの民に行動を促す訴えかけから始まる。そして、イスラエルがヨルダン川西岸で定住生活を始めた時、ヨシュアが人生の最後にイスラエルの人々に向けた訴えかけで終わる。この二回の集会の間で、この書の前半はヨシュアがどのようにイスラエルの民を率いてこの地を征服していったかを語り、後半はヨシュアがどのように土地をイスラエルの各部族に分配したかを告げている。

1章　最初の訴えかけ
2―12章　土地の征服
13―22章　土地の分配
23―24章　結びの訴えかけ

トーラーに続いて、ヨシュア記は、神の計画がついに完成した次第を語る。昔、神がアブラハムの時代に請け合ったことは成就し、神が最初にモーセを通して始めた目的は遂行された。「主が約束されたすべての恵みの言葉のうち、実現しなかったものは一つもなく、ことごとくあなたがたに成就した」(ヨシュア23・14)。

しかしながら、他のいくつかの書にも見られるように、ヨシュア記のこの統一の取れた構成の中にも、非常に多様な資料が含まれている。申命記の教えを表し、イスラエルの民がカナンの地を征服する際にも、そこでの暮らしにおいても、神に従うようにイスラエルの民に訴えかける演説がある。また、エリコの偵察隊と彼らを救った遊女ラハブの話(ヨシュア2章)、エリコの町の占領の話(ヨシュア6章)、アイの町のアカンの罪やアイの町の滅亡の話(ヨシュア7—8章)、ギブオンの住民の賢さ(ヨシュア9章)、ギブオンで太陽が一日中天にとどまった日の、王たちの殺戮(ヨシュア10章)なども語られる。ヨシュアの軍事行動の比較的簡潔な軍事的統計もある。どの村が誰のものだったかについての詳細な記録もある。この書の資料の多様さは、イスラエルの人々の生活の多様さ、最終的に聖書を構成した資料のさまざまな背景(聖所、宿営、記録保管所)、これらの資料がイスラエルの人々にとって持っていた多様な意味(勧告、娯楽、歴史的関心、法的必要性)への扉を開く。

創世記から列王記までの一連の文書の一部として、ヨシュア記も捕囚期に完成した。そして、その背景において、この書の言いたいことは明らかである。イスラエルはまたもや約束の地の外にいる。しかし、ヨシュア記はイスラエルに、土地は最初に神の贈り物として勝ち取られた——それゆえ神はイスラエルがそれを再び得られるようにできるであろう——と思い出させている。土地は神の命令で各部族に分配された——それゆえ土地は神のものであり、神はこの土地を再び彼らに与えることができる。彼らがなすべき課題は、神の指示を真剣に受け取るようにというヨシュアの訴えかけに応答することである。

土地が神によって与えられたということを強調して、この書の主な部分は、イスラエルがこの地を所有するようになった次第を語る物語の一つの面を強調している。しかし、この書は、この物語には栄光に満ちた征服以外の面もあることに気づいている。ヨシュア記の最後の章は、明らかにさまざまな人々が混じった聞き手に、神に仕える決意をするように訴えかけている。このことは、のちに「イスラエル人」となった人々の多くは征服前からここに住んでおり、おそらくこの時、彼らの血縁者である侵入者に加わったのだとうかがわせる。次の書の冒頭の章は、カナンの地がイスラエルのものになる過程のもう一つの側面を見せてくれる。

士師記～サムエル記上７章

ヨシュア記の心躍る物語に続いて、脚注のような語りがあり、それが士師記の導入になっている。ヨシュア記から察すれば、征服は輝かしく完了したようにも見えるだろう。しかし、ヨシュア記は時折、イスラエルのカナン占領は完全には程遠かったことを示し、今、私たちは、征服されなかった地域のことについてより多くを知る。それらは、実際最も難しかった地域であり、比較的教養の高いカナン人が集中していた。そこで、イスラエルの前には難題が残っている。神が彼らに与えたものを完全に所有するには、この、まだ残っている軽視できないカナン人たちを一掃しなければならない。

士師記の物語で語られるのは、むしろ一連の惨禍である。それらはすべて同様のパターンをたどり、そのパターンは士師記２―３章で告げられる。

1　イスラエル人たちは神に不実になる。
2　神は彼らに怒り、彼らが敵に圧迫されることを許す。
3　彼らが助けを懇願すると、神はそれに応えて「士師」つまり、彼らの敵を打ち負かす解放者を立てる。
4　この地に一時の平安がもたらされる。ただし、それはイスラエル人が再び神に反抗するまでの平安であるが。

続く物語で私たちは、デボラ（士師4—5章）、ギデオン（士師6—8章）、サムソン（士師13—16章）に出会う。それらの物語は、ヨシュアからサウルまでの二世紀にわたってカナンの地の異なる地域で異なる部族に起こった出来事を語る。そして、一書全体としては、それらを先に述べたパターンの枠組みに入れ、すべてを神の民全体の生の中で起こった出来事として見る。

場面はますます、道徳的、宗教的、政治的無秩序に堕してゆき、後の方の章は、問題が「その頃、イスラエルには王がいなかった。そして、おのおのが自分の目に正しいと思うことを行っていた」（士師21・25）ことにあるとの理解を明らかにしている。そうして、この書は、サムエル記上での王制成立への道備えをしている。サムエル記上の最初の数章は本質的に士師記と続いている。ペリシテ人の圧迫は、サウロの着任に通じるものだが、士師記に終始続く罪と悲劇の繰り返しの最後の、最も恐ろしい例である。

私たちは、この書の全体としての構成についても、捕囚の民に語る意図でなされていると見てよいだろう。ここで、①人々は最悪の罪に堕ちており、②最悪の苦しみを味わっていた。しかし、おそらく、パターンは再び完結されうるであろう。③もし彼らが神に立ち帰るなら、神は彼らを立て直し、④彼らはもう一度約束の地で平安を享受できるであろう。

サムエル記上8章〜列王記上11章

ヨシュア記から列王記下までの物語は連続した一つの物語であり、それを分割するのは、聖書本文を数書に分ける今日の通常の分け方も、私がここで提案する別の分け方も、より長い全体のいわば「章」分けと見なければならない。すでに見たように、サムエル記上の最初には、士師たちの時代の最後の、しかも最大の危機が描写されている。人々はまたもや罪を犯し、神はまたもや罰を与え、彼らはまた祈り、神はまた彼らを立て直す。しかし、今、新しい「章」が始まる。なぜなら、答えをもたらす者は、単なる士師ではなく、一人の王だからである。

王たちは良いところばかりではないであろう。それゆえ、王制を敷くことの両義性はすでに王制の発端の物語に反映されている。ここまでのところ、私たちは、王制は良いものだと考える方に向けられてきていた。それに代わるのは、士師記の時代の、より深い混乱だからだ。けれども、イスラエルにとって王は神だけのはずであり、人間の王が欲しいとの願いは神を拒否することである。この見方は、士師記の前の方の章に表れている。たとえばギデオンは王にされることを拒絶した（士師8・23）。

〔イスラエル十二部族全体の〕統一王国を治めた王は三人だけである。そのどれも、最初は英雄だったが、最後は悲劇的に終わる。サウルはいくつかの輝かしい勝利をおさめるが、すぐに、のちの多くの王を悩ませることになる葛藤に悩まされることになる。というのも、彼は強力な指導力を発揮して状況に対処しなければならない一方で、神に従わねばならず、特に、神が預言者を通して命じた通りにしなければならなかったからである。サウルは前者を優先したために退けられて、まもなく、家臣である将軍ダビデの手柄や人気が王である自分の手柄や人気を脅かすようになると、ダビデに対する態度に精神異常の徴候を見せ始める。サウルは敵に打ち負かされ、神からも、サムエルやダビデなどかつての仲間たちからも疎外され、孤独で悲劇的な人物として死ぬ。

ダビデは王位につく前からすでに、物語のヒーローの座を引き継いでいる。ダビデの治世以前の物語でさえも、主人公はダビデだと言っても驚くに当たらない。しかし、描かれたダビデの人物像の顕著な特徴はその両義性にある。彼は大きなチャンスを見逃さない幸運な男だろうか。それとも、神の道を歩むことを求め、その結果、神に祝福された男だろうか。物語はどちらにも読める。議論の余地のないことは、ペリシテ人からの脅威を決定的に取り除き、イスラエル史上最大の帝国を築いたダビデの軍事的功績である。

サムエル記下の後の方の章が見せているように〔サムエル記下11章以下〕、ダビデの悲劇は、彼が将軍としての才能につり合うだけの個人的な、家族内の関係における分別を備えていなかったことにある。これらの章の物語は、あまりにも人間的な罪と無能さをあらわにしている。しかしそれでも、この物語は、神の摂理はこれらのことすべてを通じて神の望みを成就することができると、示唆している。

それは、ソロモンが王になることである。

ソロモンの物語も、彼の業績から始まる。中でも最大の業績は神のための神殿建築である。ただしエルサレムやその他の場所で他の建築物も建てられ、ダビデから受け継いだ帝国の強化と組織化がなされた。ソロモンの悲劇は、彼が「多くの外国の女を愛した」（列王上11・1）ことだった。彼の罪は一夫多妻だったことではなく、イスラエルに異教の影響が入る扉を開いたことにある。列王記は、短期的にも長期的にも、これがイスラエルの地位の没落の鍵となったと見ている。

列王記上12章〜列王記下25章

列王記は、ソロモンの後は、エフライムとユダとの二つの王国の物語を、両国の国家としての存続の終わりまで、複雑に織り交ぜて語る。ヨシュア記から列王記までの書が問い続けてきた主たる問い――なぜエフライムとユダは滅ぼされたのか――は今、最前面に提示されている。答えは、多かれ少なかれ、民がダビデの道を歩むように導くことがエフライムとユダの王たちにはできなかったことにある。ダビデは、個人的な欠点はあったとしても神への忠実さの模範であった。それと対照的に、エフライムとユダの王たちは、国中の聖所で礼拝されているカナンの神バアルに自分たちの国の民が従うことを奨励した。

列王記のパターンは、各王を、年代と家系的背景と、その治世についての一般的評価によって紹介し、時には治世の特別な出来事を伝え、その死と後継者の名を告げる。列王記下12章のヨアシュの物語は、まさにこのパターンの例である。

王の中の数名は、特別に重要と見られている。エフライムの最初の王、ヤロブアムは、悪人の元型である。最初に自国の民に道を過らせ、エルサレムでのヤハウェ礼拝から遠ざけたのは彼だった（列王上12―13章）。エフライムが神に退けられたのは、エフライムがヤロブアムの道に従ったからである（列王下17章）。ユダでヤロブアムにあたるのはユダの悪人の元型、マナセで（列王下21章）、ユダの最終的な滅亡は彼の罪のせいであると言われている（列王下24・3）。

マナセのすぐ前とすぐ後には、非常に肯定的に評価されているただ二人の王のことが語られる。ヒゼキヤ（列王下18―20章）とヨシヤ（列王下22―23章）である。この二人は他の王たちと異なり、神の眼にかなったことを行ない、ダビデの道を歩んだ。しかし、マナセのような王たちが国を駆り立てた運命を回避することはできなかった。

列王記は、国の民を正しい道、あるいは過った道に導く者としての王の責任と、真の宗教の基準として重要なのはエルサレムおよびエルサレム神殿とその礼拝に忠実であることだと強調するだけではなく、二つの王国の物語における預言者たちの役割も強調する。列王記はエリヤとエリシャの物語に多くの章を費やし、他の重要な点で、その時の状況に向けた神の言葉を告げる預言者を登場させる。そうしてそれらの預言者は、神の民を祝福する神の手段ともなり、よりしばしば、裁きの警告を告げる手段となっている。

全体として、列王記は陰鬱な物語を語っている。しかし、捕囚では、列王記はわずかな希望の光を見せている。ヒゼキヤとヨシヤの改革は神に無視されなかった――神は神に立ち帰る者たちを尊重する。神は、ダビデの家系と約束したからには、今でもダビデの民に関心を寄せているかもしれない。実際、列王記の最後の一節は、バビロンで投獄されていたダビデの王位継承者〔ヨヤキン〕が牢から解放されたことを語り、物語の陰鬱さにもかかわらず、神はまだイスラエルを捨てていないかもしれないと暗示している。

第5章　共同体の物語――歴代誌、エズラ記、ネヘミヤ記

歴代誌上で、私たちは出発点のアダムに戻る。歴代誌上下は創世記から列王記までの物語を語りなおしている。

しかし、歴代誌は物語を異なった視点から語る。ある意味で、歴代誌は列王記の視点をさらに強めただけのものであると言える。というのは、列王記の一つの重要なテーマはエルサレムと神殿であり、これらは歴代誌では列王記よりもさらに中心的重要性を持っているからである。実際、エルサレムや神殿を直接扱っていない内容はすべて削除されている。

こうして、サウルまでの歴史はすべて導入的な、系図を記した八つの章に圧縮されている。真の物語は神殿を計画したダビデと建築したソロモンで始まる。彼らの治世では、彼らの私的な生活や政治的活動は関係ない事柄として削除されている。神殿と神殿礼拝に関する事柄は保持され、拡張されている。ダビデとソロモンの後のエフライムの歴史は黙って完全に削除されている。北部族は、自分たちからエルサレムとの縁を切った時、神の民の物語から自ら縁を切ったのである。選んだこのテーマに集中したいとの著者たちの願いから、エリヤとエリシャの偉大な物語でさえも消えている。

歴代誌とサムエル記～列王記を比較すると、書かれている事柄が重なっているだけではないという

ことがわかる。歴代誌の著者は先に書かれたサムエル記～列王記から（あるいは、同じ事柄を扱った別の、現在では失われてしまった異なる記述から）多くの資料をとっている。歴代誌のいくつかの部分は、丸ごとサムエル記～列王記の本文に従っている。加筆がなされている箇所もある。またすでに指摘したように、いくつかの部分がそっくり削除されている箇所もある。著者が伝えたいメッセージと無関係だからだ。そして、実際のところ、その箇所はダビデのような王たちの人生についての追加資料で置き換えられている。これらの追加の物語の多くは、非常に不利な戦況で勝ち取られた有名な勝利を劇的に語っている。

しばしば、私たちが読む歴代誌の箇所（たとえば、教会の聖書日課や聖書研究会で）はサムエル記～列王記に付加された部分で、しかも興味深い箇所だけだという程度かもしれない。しかし、歴代誌はこれ自体、全体として読む価値がある。これが書かれた時代に特有の明確なメッセージがあるからだ。

列王記は捕囚期に書かれ、イスラエルの罪を認め、イスラエルがいつの日か復興させられるとの希望を暗示している。この復興は列王記が書かれた数年後に実現した。しかしそれでも、イスラエルは政治的自由を取り戻せなかった。彼らは今や、むしろ今日までのヨーロッパのユダヤ人のように、外国の重圧を受けている宗教共同体のようだった。そのため、神殿とそこでの礼拝は捕囚以前にまして、彼らの信仰の中心として重要になった。歴代誌は、そのように神殿が何にもまして大切になった民のために、神殿の物語を語るために書かれたのである。

物語はエズラ記に続き、そこでは神殿再建と礼拝再開の次第が語られる。その意味で、エズラ記とネヘミヤ記は、歴代誌の続編である。ただし、おそらくエズラ記とネヘミヤ記が先に書かれ、歴代誌はその前編のようなものとして書かれたと思われる。これらの書は、エズラとネヘミヤ自身の前の世紀〔前六世紀〕になされた神殿再建の次第を説明し、さらに、ペルシアの宮廷からの使者として来たエズラとネヘミヤの指導の下にエルサレムの共同体の生活が再び秩序立てられた様子を語っている。

今ではもう、語ることのできるようなダビデの血筋の王は誰もいない。捕囚期の後はダビデの家から王は一人も出なかった。歴代誌の編纂者がダビデに関心を持つのは、自分の時代にダビデ家の王がいるからではなく、いつか再びダビデの王座につく王が出る日を期待しているからでもなく、今神の民の生活の中心となっている神殿を計画し、準備したのがダビデだったからである。神は自分の約束を成就した。その成就は、神が民に再び政治的独立を与えることによってなされたのではなかった。むしろ、民の罪のゆえに神殿を去ってしまっていた神が神殿に戻ってくれたことでなされたのだった。それで、歴代誌は、神殿にかかわる事柄を詳細に語ってゆく。たとえばダビデによる神殿の計画のことや（歴代上21―29章）、ソロモンによる神殿建築のこと（歴代下2―7章）、そして、神殿礼拝の数々の改革について（ヒゼキヤの改革は歴代下29―31章、ヨシヤの改革は歴代下34―35章）などである。エズラ記1―6章の、捕囚のユダの民の帰還の物語の中心は神殿再建である。〔ペルシア王〕キュロスは神殿を再建させるためにユダの民に帰還を命じた（エズラ1章）。帰還した民が最初に行なったのは、崩壊した神殿で礼拝を再開し、神殿再建を始めることだった（エズラ3章）。そして、帰還の物語は、この事業の完成によって、勝利に満ちた喜びのクライマックスに達する（エズラ5―6章）。神殿は、この民の生活のまさに中心だった。

当然のことながら、歴代誌は神殿でささげられる礼拝に関心があり、しばしば、礼拝の規則はいかにして保持されたのかを詳細に記している。神殿で行なわれるさまざまな奉仕が説明されている。祭司たちは当然、犠牲をささげる重要な責任があるため、特筆されている。それよりも目を引くのは、レビ人（祭司を助ける役割をする）が頻繁に言及されることである——著者自身がレビ人だったに違いない、と推測している研究者もいるほどだ。レビ人は礼拝を指導し、神殿で歌った。歴代誌は、イスラエルの礼拝における賛美の喜びこそ神の民であることのまさに核心であると強調している。歴代誌にはイスラエルの礼拝に批判的な箇所もあるが、その批判は制度の外側からというよりはむしろ内側からなされ、共同体の構成員に、自分たちの礼拝を正しく整備するように強く促している。

すでに見たように、エフライムは神の民の歴史における自分の場所を失ったが、それは、この民が自らを、ダビデとエルサレムと神殿から切り離してしまったからである。しかしそれでも、エフライムにはまだ、戻れるように扉が開かれている。そして、この扉は外国人にも、神への奉仕に参与するように開かれている。同時に、エズラ—ネヘミヤ記は全体として、特に異教の影響に対して用心するように強調している。当時の生活では特に、ユダ人が自分たちのアイデンティティーを失い、周辺地域の他の民族と区別がつかなくなる危険があった。エズラ記とネヘミヤ記は、神殿建築に加わることを希望する他民族の人々のことや、ユダ人と、アンモン人やモアブ人などとの異民族間結婚について語っている。そして、神の民は純粋さと独自性を失ってはならないとの懸念から、これらの問題には譲歩のない態度をとっている。

このように、歴代誌—エズラ記—ネヘミヤ記の見る神の民は、特権を与えられてはいるが不安定な位置にいる。これらの書の主旨は、この民が神に信頼し従うように招かれていると強調することにあ

序 歴代誌上1－9章	ダビデ＝神殿の計画者 歴代誌上10－29章	帰還と神殿再建 エズラ記1－6章	
	ソロモン＝神殿を建築する王 歴代誌下1－9章	エズラとネヘミヤの到着と改革 エズラ記7－10章、ネヘミヤ記8－10章	ネヘミヤの証言 神殿再建と改革 ネヘミヤ記1－7章、11－13章
	捕囚までの物語 歴代誌下10－36章		

表5.1　歴代誌—エズラ記—ネヘミヤ記

る。物語と説教によって、これらの書は神のさまざまな特徴を彼らに思い出させることによって、神の民が信仰生活に向かうように鼓舞する。神は自分の民が勝ち目がないほど不利な戦況で勝利することを可能にする力強い神であり、神を敬う者たちを尊重し、邪な者たちが当然の報いを受けるようにする正義の神であり、自分の約束は果たす信実な神であり、神に立ち帰る者たちを赦し、立てなおす恵み深い神である。それだから、人々は毎日の生活において神を信頼することができ、神に従わないでいる余地はないのである。

第6章　短い物語――ルツ記、エステル記、ヨナ書、ダニエル書

これまで見てきた書の中には、おそらくもともとは独立した話だった部分がある。たとえば、ヨセフの物語（創世記の中）、ソロモンがいかに王座を継承するに至ったかの物話（サムエル記～列王記の中）、ネヘミヤの話（ネヘミヤ記の中）などである。そのほかに、大きな歴史書の中には組み込まれず、独立している物語もある。

ルツ記

ルツ記は、飢饉の時代にモアブ（ヨルダン川の東）に滞在していたイスラエル人の家に嫁いだモアブ人の娘の物語だ。夫と義父の悲劇的な死の後、ルツは義母のナオミが家族の故郷、ベツレヘムに帰るのについてゆく。そこでルツはもう一人の男性の愛を勝ち取る。その人はナオミの親族で、ボアズといい、ルツと結婚する。二人はナオミに孫をもうけ、彼女の家の地位と土地を立てなおし、ナオミにも安らぎをもたらす。

この話の筋の飾らぬ要約は、なぜこれが聖書に入れられたのかを問うまでもなく、物語としてだけ

でもこれがどれほど魅力的な話であるかをうかがわせるだろう。これは、神がどのように、誰も予想しないような普通の人々を通して働くかを例証している。この話は、異国のヒロインに対して、目立って開かれた態度をとり、エズラ記やネヘミヤ記がモアブ人などに対して、彼らが（ルツと異なり）イスラエルとその神に信実を尽くさない時に取っている態度とは対照的である。この開かれた態度は、物語の結びで告げられる意外な真実でさらに顕著になる。ここで読者は、ルツとボアズの息子が実はダビデ王の祖父なのだと知る。ルツの勇気と忠実さ、そしてボアズの騎士道的精神にふさわしい報いである。

ヨナ書

ヨナの物語は、ルツの物語よりも二、三世紀後〔前九—八世紀頃〕のエフライム王国時代を舞台とする。ヨナ書は十二小預言者（本書第9章参照）に含まれる。神はヨナに、アッシリアの大都市ニネベに行って呼びかけよとの任務を与える。ヨナはこの召命に乗り気ではなく、反対の方角に行く船に乗るが、自分が簡単には神から逃げられないことがわかる。神は彼を追って嵐を送るのである。神の怒りから船を救うため、ヨナは自分を海に投げ込ませる。ヨナを海から救い出すため、神は巨大な魚を送り、彼を捕まえさせ、陸につれ戻させる。これを教訓に、ヨナはニネベへと向かう。ヨナにとっては苦々しいことだったが、彼の預言によってニネベの人々は、自分たちは悔い改めて神の裁きを避けなければならないと確信する。最後の場面では、ヨナを強い日差しから守る陰を与えていた木が枯れ、それを神が赦したことをヨナがさらに苦々しがる様子が描かれる。そこで神は、木を大切に思い惜しむヨナの思いは、ニネベの人たちを惜しむ気持ちが彼に欠けていることと奇妙に対照的であると指摘する。

ルツ記の魅力が話の筋から明らかだとすれば、ヨナ書のユーモアはこのあらすじからはっきりわかるであろう。ヨナ書は、次から次へと、どうすれば預言者にならずにすむかやって見せている。特にヨナ書が示唆するのは、ルツ記のように、神はしばしば（まだ）自分の民に属さない人々に、すでに自分の民となった人々にもまして肯定的な態度をとるということである。

エステル記

三番目に見る短い物語は、かなり残忍な話だ。舞台はペルシアの王クセルクセスの宮廷である。王の最高位の大臣ハマンは、王を説得して、帝国内のユダヤ人を根絶する権限を与えられ、多くのペルシア人はハマンの命令を実行する準備をする。しかし、王の妃の一人エステルは、偶然ユダヤ人であり、彼女の育ての親であるモルデカイは、かつて王を暗殺から救ったことがあった。この二人は、危機一髪のところで形勢を逆転させることに成功する。ハマンは自分がモルデカイのために用意した絞首台につるされ、ユダヤ人は自分たちを攻撃する人々を皆殺しにする。

この血なまぐさい物語は、ユダヤ民族が自分たちの歴史について気づいていることを象徴的に示している。しばしば血が流されるが、それはたいてい彼らユダヤ民族の血である。しかし、この物語は、神が人間の目には見えなくとも（エステル記では実際には神のことは何も言われない）、いかに舞台裏で支配し、「偶然」や人間たちのわがままな決断を通して正義の目的を果たすことがあるかを見せている。

ダニエル書

ダニエルと彼の友人三人は、捕囚期にバビロンに移送された若者である。彼らについて、二つのテーマがくりかえし現れる。第一は、異国の環境で生活しなければならないことによって彼らに突きつけられる宗教上の困難な課題である。彼らは自分たち独自の生活様式を維持してゆくだろうか。偶像に屈服するだろうか。皇帝に祈るだろうか。彼らはこれらのことにおいて信仰を守ったため、焼き殺されるか生きたままライオンに食われるように言い渡される。しかし、彼らが神に対して信実だったように、神は彼らに対して信実に働く。

物語の第二のテーマは、若者たちの知恵である。バビロンは有名な知の中心地だったが、ダニエルと友人たちは神に与えられた洞察によってバビロンの偉大な智者たちをしのぐ。特に、ダニエルは王〔ネブカドネツァル〕が見た不安な夢の意味を解釈することができる。しかもそのうえ、彼自身、意味深い幻を見せられる。ダニエル書の後半はそれらの幻を中心とする（これらの幻については、本書第12章で見る）。

こうして、これらの物語は聞き手に、神とその教えに対して信実であるように、そして、神は世界の歴史の秘密を支配する主であると信頼するように訴えかけている。

第7章　イエスと教会の物語――マタイによる福音書～使徒言行録

福音書は、比類ない種類の物語を語る比類ない形式の書である。キリスト教の教会は、三〇年あまり前に生きたイエスという一人の男の人を信仰の中心にした。しかし、彼について重要なこと（彼の業績と教え）は、すべて、彼の最後の三年間にあり、福音書はこの三年間のことに注目している。そして、彼について最も重要なことは、彼の物語の終わり方である――そのため、四つの福音書は三分の一にのぼる紙面を、彼の人生の最後の数日に費やしている。

四つの福音書には、私たちが新約聖書自体で耳にする人たちの名前がついている。マタイとヨハネは、イエスが最も近くに置いた一二人の弟子たちの二人であり、マルコとルカは、使徒言行録で語られる初期キリスト教会の歴史の出来事にかかわっている。しかし、福音書自体には著者として四人の名前が書かれているわけではなく、後世に加筆された見出しの中に（「マタイによる」などと）あるだけだ。だから、彼らよりも書き手としてありそうな候補はないとはいえ、これらの人たちが彼らに帰された書の著者であるかどうかは確かには言えない。

福音書はおそらく、イエスの死から数十年後の紀元六五年から紀元一〇〇年の間に書かれた。ルカとヨハネは執筆の理由を書いており、同じ関心がマタイとマルコの執筆動機の少なくとも一部であったことはありえないことではない。彼らが書いたのは、イエスの宣教活動やイエスの教えの内容について人々に信頼できる情報を与え、彼らがイエスを信じる確実な根拠を持てるようにするためだった（ルカ１・１―４、ヨハネ20・30―31参照）。

福音書は、正確にはイエスの伝記ではない。福音書には彼の容姿や性格がどのようであったか書かれていないし、彼の人生の大半については大雑把にしか扱っていない。しかし、新約聖書以外には、彼についてさらに知るためのこれといった情報はない。彼についてのある程度の事実――彼が公的宣教活動を行ない、〔ユダヤのローマ総督〕ポンテオ・ピラトの時代に死に、まもなく地中海東部地域全体で礼拝されるようになったこと――は、一世紀のユダヤ人著述家ヨセフスや、タルムードに保存されているユダヤの伝説や、小プリニウス〔ガイウス・プリニウス・カエキリウス・セクンドゥス〕やタキトゥスなどのローマの著述家が多少書いている。新約聖書以外のキリスト教の著述では、いわゆるトマスによる福音書などに、おそらくイエスにさかのぼる言葉がいくつかある。しかし、事実上、私たちが彼の生涯や宣教活動や死や復活について描く像はすべて新約聖書の福音書から来ている。

イエスの物語の基本的な史実性は、キリスト教のメッセージの真実性の核心なので、使徒たちやその他の者たちにとっては、自分たちがイエスについて見聞きしたことを証言することが課題だった。しかし、イエスの生涯や死と復活について直接見て証言できる人々はあらゆる場所に行くことができるわけではなく、いずれは死んでしまう。それゆえ、いつか福音書が書かれることは、イエスについてのメッセージを広めるために重要だった。これらの書は、イエスを知らなかった人々のために、記録の確定版を提供した。

四つの福音書は皆、あらすじは似ているが、最初の三つの書はことに互いに似通っている。しばしば、一つの福音書の段落がほとんどそっくりそのままの言葉で他の福音書で繰り返されている。この事実は、これら三つの共観福音書（この言葉は、これらの書が物語を同じように見ていることを意味する）がどれほど互いに依存しているかを示しているようだ。おそらく最初に書かれたのはマルコ福音書で、マタイ福音書とルカ福音書はマルコ福音書を用いている。マタイ福音書とルカ福音書にはマルコ福音書には出てこない別の共通資料があり、この資料は、より早い時期に集められたイエスの教えの言葉集で、Q資料（ドイツ語で「源」を意味するQuelleから）と呼ばれているもはや現存していない資料から来ているようである。ヨハネによる福音書には独特の趣があり、ヨハネが他の福音書のどれかを見たかどうかも定かではない。

イエスが生きていた時代から最初の福音書が書かれるまでには三〇年ほどの開きがあり（Q資料はそれよりも早く書かれていたかもしれない）、この間、イエスの物語や教えは、教会の説教や教えによって口伝えされていた。当然、各々の説教や教えは、一つの教えや出来事を扱っていた（今日の教会の聖書朗読や説教が一回に一つの箇所を扱うのと同様である）。ということは、個々の出来事を正確に時系列順に並べることはできないだろうということになる。しかし、これらの出来事にかかわる時間は短く、まだ、話が仕上げられてゆく際にイエスに会ったり彼から話を聞いたりした人々に確認してもらうことはできたであろう。そのようにして、マルコやルカが（ルカは自分は見たわけではないが、自分たち自身で見た人々の証言を用いることができたことを書いている）彼らの福音書を製作するようになった時には、読者に信頼できる情報を提供することを不可能にするような問題は何もなかった。

本章の最後の図7・1は、四つの福音書の、想定される成立過程を示している。福音書――特に共観福音書――の基本的なテーマは、イエスの到来は神がこの世界を支配し始めたことを意味する、ということだ。イエスは、「時は満ち、神の国は近づいた。悔い改めて、福音を信じなさい」（マルコ1・15）と宣言している。「神の統治」あるいは「神の国」〔ギリシア語バシレイアは「統治」「国」のどちらにも訳せる〕は、「英国」などという「国」とは異なり、特定の場所を指してはいない。これは、神が王のように世界を治めていることを言っている。旧約聖書の物語は神が統治していることを見せてきたが、同時に、人間がいかに神の統治に抵抗するかも見せている。敬虔なユダヤ人は神の支配を自分たちの個人的生活において実現しようと努めたが、また、神が再び歴史に介入して自分の汚名をそそぎ、自分の民を復興させ、自分の敵を罰し、自分の目的を成就する日も待望した。神の国という概念は、彼らが実現しようとした最高の望みと、神の目的の基本的な真実とのいくらかを表現しており、イエスはこれを彼の基本的テーマとして受け取り、彼の人生（そして死）をかけて、この「神の国」という言葉が受けやすいあらゆる誤解を正したのである。

神の支配をもたらす者として、イエスは、前例のない権威をもって語った。実際、彼は神の権威をもって教え、神についての真理と神の道を自分から学ぶように人々を招いた。彼の権威は、病気を癒し、悪霊を祓い、自然の力を静め、神の国の到来を妨げようとする超自然的な悪の諸力を支配することによって実証されている。これによって、彼は非常に多様な人々――労働者、ローマの官吏、社会から締め出されたような人々など――の間でさまざまな程度の信奉者を得たが、彼らの献身はしばしば浅薄だった。また、イエスは、彼の民〔ユダヤ人〕の宗教的指導者たちにはほとんど影響を与えなかった。

これらの人々の多くに言いたいことをわかりやすく伝えるためにイエスは譬えを用いて語った。譬えというのは、理解しがたい真理の単純で明らかな例証ではない。ほとんどその逆である。むしろ、十分理解できるくらい易しいが受け入れがたい真理を伝える理解しにくい話である。いったい誰が、働いた時間数にかかわらず同じ賃金を支払う主人だとか（マタイ20・1―16）、親不孝な息子のために肥えた子牛を屠り、忠実な兄のことは無視しているように見える父親（ルカ15・11―32）のことなど聞いたことがあるだろうか。神の支配とはどのようなものなのかを見せる譬えの中で、イエスは、彼の聞き手の日常生活の中から語り始めて、ひとひねり入れた物語を語る。そして聞き手に、物語のひねりがいかに、神の驚くべき仕方を例証しているかの謎を解くように挑んでいる。

ここでくりかえし現れるテーマは、特権的な地位にいると自任している人々が退けられ、何ら地位を持たない人々が高められるというテーマである。神の支配は良い知らせを必要とする人たちにとっては良い知らせ〔福音〕である。しかし、すでにうまくいっている人々には、彼らが社会から締め出され蔑視されている人々の立場に立てない限り、むしろ悪い知らせである。

ついにユダヤの指導者たちと異邦人の指導者たちは協力してイエスを始末しようとする。そして、普通の人たちにも、彼を拒絶させる（精神力学的に証明されていることだが、これはユダヤ人が特に邪悪だったからではない――もしイエスが今到来したなら、イエス時代のユダヤの指導者たちのような行動をしそうなのは誰よりも、私たちのうちの聖職者たちであろう）。神の支配についてのイエスの説教は、彼の拒絶と十字架刑につながる。しかしそれは、もう一つの物語の始まりにすぎない。

実際、イエスの拒絶と死は、決して、復活によって幸運にも逆転された想定外の悲劇などではない。イエスが死んだ日は「聖金曜日」（Good Friday〔文字通りには、「良い金曜日」〕）と呼ばれるようになった。それは、彼の死が神の目的の一部であり、神がこの世を支配するのを妨げるものではなく、むしろ神がこの世を支配する手段だからなのだ。ここで人間たちと悪魔はなしうる限り最悪のことをするが、彼らに最悪のことをさせておいてさえ、イエスは、彼らに対する勝利を勝ち取る。イエスが十字架の上で「成し遂げられた」（ヨハネ19・30）と言った時、それは、「私はやられてしまった」という意味ではなく、「私は成し遂げた」という意味だった。私たち人間が神に対してなしうることで、神の息子を殺すことよりも悪いことは何もなかった――彼は、その悪しき行為を転じて自身の愛と力を実証できたのである。

それほどのことを成し遂げたこと――そして死と復活の前の彼の人生――はもう一つの問いを生じさせる。この男は誰なのだろうか。これは、問わずにいられない問いだろう。彼の信者の間でよく言われた答えは「彼はメシアだ」である――つまり、贖い主、神がユダヤの人々に約束したダビデの血筋の王だ、ということだ。これは正しい答えだが、誤解を招く。なぜならイエスはダビデのようなイスラエルの王になるつもりはなかったからだ。イエスは自分自身のことを、他人のために苦しみを受け入れる神の僕（イザヤ42章や52―53章に描かれている）、人の子、新しい人、勝利に満ちているがこの世には属さない人物などと呼んでいる。またそれ以上に彼は、神を父として、神との比類なく近い関係を表明している。そしてそのことからヨハネは、イエスは自身も神だったと言っている（ちょうど、私の父が人間なので私も人間なのと同じように）。そうして、ヨハネ福音書は「（神が自身を表している）言《ことば》は肉となって、私たちの間に宿った」（ヨハネ１・14）と始まり、トマスが彼を「私の主、私の神よ」（ヨハネ20・28）と認める告白の描写で終わる。

イエスの物語は彼と当時の宗教指導者との衝突の物語だ。イエスは既存の指導者の地位を脅かし、比較的小規模な集団とは一般の人々の間で信奉者を得るための競合関係にあったからである。福音書には、いくつかの集団のことが言われている。

サドカイ派は、公式の祭司の家系である。彼らの名は、彼らが最初の大祭司ツァドク（ソロモンが神殿を建てたときの第一代祭司〔列王上２・35〕）の子孫であることを暗示する。彼らは権威を確立した集団だった。神学的には保守的だった。文書化されたトーラー（モーセの教え）の権威に深く献身していた。彼らは、文書化された律法を当時の文脈にふさわしく解釈すると主張される、より詳細な口伝律法は認めなかった。彼らはモーセ律法よりも新しくできた教義には懐疑的で、たとえば、天使や死者の復活などは信じなかった（マルコ12章の物語を参照）。彼らはまた、政治的にも保守的だった。彼らは神殿の官吏であると同時に、貴族でもあった。政治的権威筋（ヘロデやローマ）と最も近い集団であり、彼らに依存して自分たちの地位を保持していたので、律法への宗教的献身を政治的抜け目なさと調和させせようとした。

ファリサイ派は一種の社会的集団で、家系的集団ではなかった。ファリサイ派という名は「分離した者たち」という意味で、その背景は、セレウコス朝に対する反乱の際に（本書第１章参照）「敬虔な者たち」（hasidim）が、ヘレニズム的慣習をユダヤ人に強要する絶大な支配者に対して反抗を支援したところにある。ファリサイ派は、清浄規定や十分の一税、断食などを細部まで規定する広範な口伝律法を含めたトーラーの徹底した順守をよしとしていた。清浄さへの彼らの関心は、マルコ福音書7章の、手を洗うことなどについての議論にうかがえる。この関心は、それほど注意深くはトーラーを守らない人々との接触を注意深く避けようとする態度につながっていた。律法を守らない人々は穢れていて、接触した人を穢す可能性があるからである。ファリサイ派の人々は、政治的行為には関心を持たず、神の国の到来に備えて清浄さを保つことに専心していた。彼らは、メシアの出現と死者の復活への強い希望を持っていた。

　ゼロータイ派のことは、福音書の中では一つの集団としては書かれていない。彼らが重要になったのは、紀元七〇年のエルサレム神殿崩壊につながる出来事の際である。その時、彼らはユダの山地でゲリラ部隊を結成し、エルサレムの陥落に至る戦いを主導した。彼らは神学的にはファリサイ派と同じことを信じていたが、神が神の支配をもたらすまでユダヤ人はただ待つべきだという見方には満足していなかった。彼らは、自分たちはマカバイの時代に〔セレウコス朝に〕反抗した人々と同様、ローマ皇帝に屈服することを拒否し、自分たちで歴史の手綱をとる召命を受けていると信じていた。

　エッセネ派は、神の民は普通の社会から自己を分離するように召命を受けていると、ファリサイ派以上に過激に信じていた。彼らの取り組みは、エルサレムを去って死海のほとりの砂漠にあるクムランに自分たちの共同体を形成したユダヤ人たちに、最も徹底した形で見られる。彼らは神殿の礼拝が腐敗していると見て、自らをそこから切り離し、神自身による真の礼拝の再建に備えた。新約聖書はエッセネ派やクムラン教団のことには言及していないが、たとえば、洗礼や悔い改めの強調、自分たちがメシアの時代の入口に立っている真の神の民だと信じていること、サタンに対する戦争状態の強調、肉と霊、光と闇の闘争のイメージなど、彼らの考えや習慣に相似することは多々出てくる。違いは、イエスの信者はメシアがすでに来ていることを知っており、それが誰であるかも知っていたことである。彼らがエッセネ派の人々と共通していたのは、イエスの意義を表現する神学的モチーフだった。

律法学者は、トーラーを教える教師で、ここで触れておく必要のある最後のグループだ。彼らは家系的な集団でもなく、特定の見解を持つ社会的集団でもなかった。そして、たとえば、律法学者であると同時にファリサイ派であったり、イエスの信者であったりすることもありえた。彼らは勉強した神学者で、他の人に教えることができた。さまざまな学派や見解があり、弟子たちに自分たちの伝統の中で教える権限を与えた。そうしたことから、イエスは弟子を持つ一種の律法学者だと見られたかもしれない（それで、彼は「先生」と呼ばれている）。しかし、イエスには彼らと異なる点があった。彼は自分が教えを受けた師から受け継いだこととしてではなく、彼自身の権威によって教えたのだ（マタイ7・28―29参照）。

福音書の基本的な物語は、基本的なイエス像と彼の意義について、四つとも同じようである。しかし、それぞれには固有の傾向があり、それぞれの光に照らして考察する必要がある。

マルコによる福音書

マルコ福音書は、知られている限り最初に書かれた福音書であり、もし私たちがガリラヤやエルサレムでイエスを見たり、彼が話すのを聞いたりしたなら見たり聞いたりしたであろうものに最も近い。

他の福音書と比べて印象的なのはその簡潔さだ。マルコ福音書は、イエスの宣教生活の開始で始まり、マタイ福音書やルカ福音書と異なりイエスの家族や誕生や少年時代などの背景もなく、ヨハネが自分の福音書の序文にした神学的導入もない。また、これは、イエスの教えの例も数多く含むが（彼の譬えの多くも）、マタイ福音書やヨハネ福音書に特に顕著に見られる比較的長い講話はほとんどない。マルコ福音書では復活は非常に簡潔に語られているので、書かれてまもなく、他の福音書に基づいて補遺をつける必要が感じられた（今日の聖書では、追加としてつけ足されているいわゆる「古い結末」〔マルコ16・9―20〕がそれである）。

マルコ福音書をそれ自体で読むと、いくつかのテーマが著しく目を引く。イエスの宣教生活の早い時期の部分には、二つの対照的な特徴がある。権威に満ちた彼の宣教はユダヤ教の指導者の間で議論と敵意を巻き起こす。しかし彼は静かに弟子集団を形成して、弟子たちを通して自分の働きを広げてゆこうと計画する。敵意は増し、イエスの家族と故郷の村でさえも彼を拒絶する（マルコ6・1―4）。彼は迫り来る殺害を物語の先に予見しているが、弟子たちはそのようなことは受け入れることができない（マルコ8・31―33、9・30―32）。敵対者と弟子たちは一つになってイエスを引き渡し見捨てる。彼の死に際しては、ローマの百人隊長だけが、自分が神の子の前に立っていることに気づく。物語は突然終わる。イエスは墓を捨て去り（ただし、この出来事の描写はない）、ガリラヤで再び弟子たちに会うために出発している。

マタイによる福音書

マタイの福音書では、語りと教えの主な部分が交互に置かれ、構成が明らかに見て取れる。

1—2章　序
3—4章　イエスの宣教の開始
5—7章　弟子たちへのイエスの教え（「山上の説教」）
8—9章　癒しの奇跡
10章　イエスの十二弟子の任命
11—12章　論争
13章　神の支配についての譬え
14—17章　死への道（a）
18章　謙虚さと赦しについての教え
19—22章　死への道（b）
23—25章　裁きについての教え
26—28章　死と復活

マタイ福音書は、イエスをメシアと認めるようになった異邦人とユダヤ人の両方に向けて書かれたように見える。この書は弟子としての生き方についてのイエスの教えを体系化している（特に山上の説教はそうである）。マタイは、ユダヤ人はトーラーを遵守し続けなくてはならないとか、異邦人もトーラーを守らなければならないとは唱導していないが、信仰が生き方に変化を及ぼすことを理解しない人々のために時間を費やしはしない。熱心に礼拝しても、イエスの名において奇跡を行なってさえも、それだけでは十分ではない（マタイ7・21—27）。マタイのこのテーマは、譬えの扱いに現れている。マタイはマルコ以上に譬えを教会生活に当てはめている。それらの譬えはもともとはイエスが生前に彼のメッセージを突きつけた人々に向けて語られたのだが、マタイ福音書では信徒たちに、もし彼らが最終的な神の到来を待つ間ずっと信実を保っていないなら、かつてのユダヤ人が落ちたような罠に彼らも落ちてしまうかもしれないと警告している。マタイは自分の福音書の結びに、終わりの日の前にイエスについての良い知らせがすべての民に宣べ伝えられなければならない、そして、教会はイエスに共にいてほしいのであれば、自分たちがこの任務を果たすときにイエスが共にいるとわかるであろうと、思い出させている。

マタイは、イエスを信じることとユダヤ教の信仰との関係についての彼の関心を、主に二つの方法で示している。一方で彼は、イエス当時のユダヤ教の欠点の多くを強調する。ファリサイ派やトーラーの教師（非常に公正で信実な者たち）でさえも、十分ではなかった。ユダヤ教のメシアを拒絶したのはこれらのいわゆるユダヤ教指導者たちだった。また一方で、彼は、イエスを信じる人々は旧約聖書の真の継承者であると主張している。彼はこの点を明確に強調するためにしばしば旧約聖書に言及し、旧約聖書自体の目標がイエスにおいて成就していることを示している。

ルカによる福音書と使徒言行録

ルカ福音書も、大筋では明確な形式をとっている。

1―3章	序。イエスの誕生、少年時代、洗礼
4章1節―9章50節	イエスのガリラヤ宣教
9章51節―19章27節	イエスのエルサレムへの旅
19章28節―24章53節	イエスのエルサレムでの最後の日々

ルカの福音書に特有の関心はイエスを歴史の文脈に位置づけようとするところにあり、冒頭の一節は（使徒言行録の冒頭も）この関心を反映している。ルカが定期的に記している年代は（たとえば、ルカ1・5、2・1―2、3・1）同じ機能を果たしている。この話は世界の歴史の中で実際に起こったことであり、今後も世界史の中で意味を持ち続ける。最初の段落には、読者としてテオフィロという異邦人の名が挙げられている。彼はおそらくイエスに関心を抱いているがまだよく信じるには至っていない人だろう。それにもかかわらず、ルカはマタイと同様、教会の視点から書いている。この視点を反映する彼の書き方の一つは、彼が定期的に聖霊に言及していることだ。聖霊は、神と

イエスの臨在と力を、イエスの死と復活後に生きる信仰者たちにもたらす。もう一つは、祈りへの関心である。ルカはしばしばイエスの祈りの生活に言及し、他の福音書にもまして祈りについてのイエスの教えについて語っている。

この福音書には続きとして使徒言行録で、福音の全世界への拡大の物語が書かれている。それゆえ、福音書でルカが、社会の外に追いやられた人々へのイエスの配慮を強調するのはふさわしいことだった。このテーマは、ファリサイ派と徴税人の譬え（ルカ18・9―14）や、ザアカイの話（ルカ19・1―9）などの話に出ている。同様に、ルカは失われた者（ルカ15章の失われた羊の譬え、失われた銀貨の譬え、失われた息子の譬えなど）や、サマリア人（ルカ10章の善いサマリア人の譬えなど）に対するイエスの配慮も強調している。ルカだけが七二人の弟子たちの派遣のことを語っている（ルカ10・1―20）。この七二という数は、世界の国民のことを指していると思われる。

ルカ福音書が最も際立って他と異なるのは、これが二部作の第一巻にすぎないということである。使徒言行録がルカの第二巻で、そのことは使徒言行録の冒頭の一節に示されている。ルカは、他の信仰者と同様に、イエスの到来は「終わりの日」がすでに始まりつつある（使徒2・17）ことを意味すると知っていた。しかし終わりのこの始まりは、神が自分の目的を成就する物語が終わったということではなかった。話は、福音の知らせが世界中に広がってゆく物語に続いたのである。イエスは、彼の信者は全世界で――エルサレムでもユダとサマリアの全土でも、さらに地の果てまで――彼の証人となると宣言していた（使徒1・8）。使徒言行録は、エルサレムでの福音の勝利の始まりや（使徒1―7章）、ユダとサマリア全土への広がりが（使徒8―12章）、どちらも特にペトロの働きでなされていった様子を描いている。この、後の方の箇所では、サウロ（のちのパウロ）がイエスを信じるに至った次第〔使徒9章〕と、最初の異邦人信徒たちについても語られる〔使徒10章〕。そして、ここから後は関心がペトロからパウロに移り〔使徒13章以下〕、パウロが先導して東地中海とついにはローマそのものにまで宣教する。イエスが設定したプログラムはこのように、聖霊の力と啓示と導きによって実施される。

神自身の介入は、迫害者の頭であったサウロが最も精力的な宣教者になったアイロニーや、ユダヤ人とローマ人が一つになって、図らずも、パウロが帝国の首都で福音を宣べ伝えることを可能にしたアイロニーに示される。この物語は、使徒言行録というよりは、はるかに聖霊言行録、あるいはむしろ、聖霊言行録の一部と言ったほうがふさわしいであろう。なぜなら、教会の最初の数年間の物語は使徒言行録に書かれているよりもはるかに広い範囲に及ぶものだったからである。教会がエルサレムからローマに広がっていった経緯のここでの記述は、以降の教会史の基盤となる。

ヨハネによる福音書

第四福音書はまた、異なった世界である。次々と簡潔に素描されたガリラヤの情景や、譬えや奇跡物語の連続はなくなっている。ヨハネが提供してくれるのは多数の、より入念に描かれ練り上げられた物語であり、ほとんどはエルサレムを背景にしている。おそらく彼が描く情景は、エルサレムで彼自身が見聞きしたことに対応し、長年の間何度も思い返しては考え、教えてきた結果練り上げられたものであろう。しばしば、何かの一つの単純な場面が、イエスとその聴衆との会話によって、イエスの宣教生活にかかわる問題についての長い議論のきっかけや飛躍点となる。そういう場面はしばしば、単純とはいえ、しるしとなる「奇跡」の場面である。物語は鮮明に描かれ、〔婚礼の祝宴の最中に〕ぶどう酒が足りなくなってしまったときの人々のうろたえや（ヨハネ2章）、イエスのことがよくわからず、理解できないままに人目を避けてやって来たニコデモの訪問（ヨハネ3章）、何回も結婚した外国〔サマリア〕の女の人とヤコブの井戸で躊躇なく話すイエス（ヨハネ4章）などは目に見えるようだ。物語には軽いユーモアが織り込まれており、それはしばしば、不運なファリサイ人たちを愚かに見せることによってなされる。たとえば彼らは目の不自由だった男の人をイエスがどうして癒すことができたのか説明できず、普通の人にすぎないその人の両親にあざけられる（ヨハネ9章）。しかし、たとえば、〔ユダヤ人たちに殺されそうになったにもかかわらず「もう一度、ユダヤに行こう」と言うイエスの言葉に〕「私たちも行って、一緒に死のうではないか」（ヨハネ11・16）と言う陰気なトマスなど、彼らとほとんど変わらないほど理解力のない弟子たちの愚かさを見せてなされることもある。

ユーモアと悲哀と悲劇が相伴っている。弟子たちが「あなたがたも去ろうとするのか」とイエスに問いかけられた時、ペトロは強い疑問と深い献身の思いを、「主よ、私たちは誰のところへ行きましょう。永遠の命の言葉を持っておられるのは、あなたです」（ヨハネ6・68）と明かしている。ユダヤ教の指導者たちの無理解さは滑稽でもあるが、非難されるべきで、ある意味では悪魔的でさえある。個人的にイエスに応答することなしに信仰を持っていると自任している人たちのいわゆる「宗教性」を批判する論争的記述は、聖書の他のどこよりもヨハネ福音書に強く表れている。

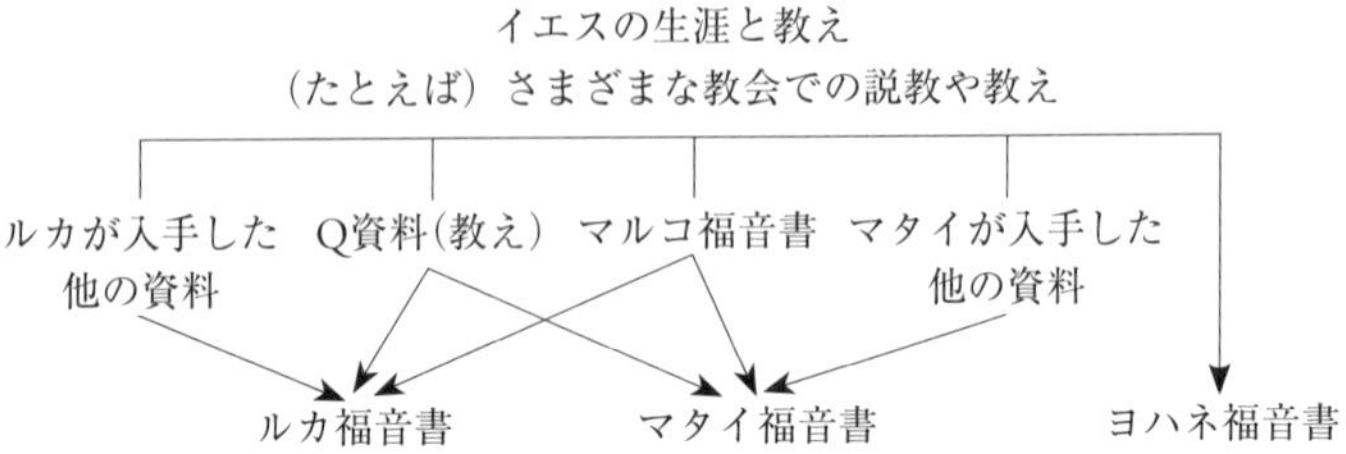

図7.1　四福音書の成立過程についての仮説

物語が記憶しやすいように、イエスの言葉も記憶しやすい。特に、イエスの「私は〜である」という言葉の繰り返しである――「命のパン」（ヨハネ6・35）、「世の光」（ヨハネ8・12）、「羊の門」（ヨハネ10・7）、「良い羊飼い」（ヨハネ10・11）、「復活であり、命」（ヨハネ11・25）、「道であり、真理であり、命」（ヨハネ14・6）、「まことのぶどうの木」（ヨハネ15・1）、というように。これらの「私は〜である」表現はそれぞれ、人間の必要を満たす唯一の存在としてイエスを認識することを求めており、そのような存在としての彼に応答し、彼を証しするように招いている。イエスをいと高き神のひとり子として描くのが、この福音書に特徴的なイエス像であり、「私は〜である」という言葉は、イエスのこの面が表されている時の一つの目印である。

冒頭でヨハネはイエスのことを「言《ことば》」――神が自身を表す表し方――として語る。そして、ヨハネの物語は、イエスを神の顕現あるいは神のメッセージとして示している。最後の場面で、トマスはイエスを「私の主、私の神よ」（ヨハネ20・28）と認めている。ヨハネ福音書では、イエスは自分の父である神との関係をより公然と体系だって語る。ヨハネのイエスはまた、一方で、彼自身と父なる神との個人的な関係を語りながら、他方では、自分と自分イエスを信じる者たちの関係を語る。弟子たちはイエスがいなくなった後に遣わされる聖霊によって、その関係を発展させてゆかねばならない。しかし、ヨハネの福音書では、イエスの真の人間としての面もまた、聖書の中でも最も明らかに描かれている。ヨハネのイエスは、疲れ、のどが渇き、涙を流し、悩み、問いを発する。ヨハネが述べる彼の執筆目的は、読者がこの（史的人物）イエスを神の子メシアであると信じるようになることである（ヨハネ20・31）。

第3部　神の民への神の言葉

ここまで、神がどのように世界の歴史全体の中で、イスラエルの物語の中で、イエスの到来において、そして個々の人々の人生においてさまざまな業をなしてきたかを見てきた。

神はまた、語り続けてきた方でもある。エレミヤの時代以来、教えることのできる人々が三種類に区別されるようになった。祭司と知恵ある者〔賢者〕と預言者である（エレミヤ18・18）。エレミヤの時代の後、伝えようとする言葉の伝達手段がさらに二種類発達した。新約聖書で使徒たちは、手紙で神の民に語りかけている。これはいくつかの点で、かつての時代の預言者の役割に類似する。また、旧約、新約の各聖書の最後には、より幻視的な、神の目的がついに成就される終末に関する啓示を与える書（ダニエル書、ヨハネの黙示録）が現れる。

第8章　祭司たちの教え――出エジプト記〜申命記

出エジプト記

　教え導くことは祭司の務めである。人々は、何か振る舞い方の規則を知るためには祭司のところに行ったであろう。祭司は神のトーラーの専門家であり、人々が質問したい問題について権威をもって発言することができた。それゆえ、イエスは皮膚病の人を癒した後、その人を祭司のところに行かせて、共同体の通常の生活に戻れると認められるために必要な手続きをすべて行なわせた（マタイ8・4、ルカ17・14も参照）。トーラーは人々の教えのためにレビ人の祭司たちに託されていた（申命31・9、33・10）。

　他の場合にはしばしば、トーラーは、問われることすべてに答えるため規準となる十分な規則を含んでいないこともあった。祭司は難しい問題や特殊な場合について質問されたときには、（疑いなく同僚たちとともに）自分たちがすでに知っている神の意思や神の真理に従って、その場に当てはまる規則を確立しようとした。

　トーラーのある箇所の含意から、祭司たちがこうしていくつかの原則を引き出すことができた様子をうかがい知ることができる。たとえば出エジプト記21章28―32節には、人は自分の牛が誰かを殺しても死罪には処せられないと規定されている。しかし、その動物が過去に人を殺したことがあった場合はどうであろうか。その場合には、彼は死罪に値する。もし、牛が子どもを突いたらどうだろうか。同じ規則が当てはまる。誰かの使用人を突いた場合はどうであろうか。使用人の主人に賠償金を払わなければならない。（多くの翻訳では、「使用人」ではなく「奴隷」と訳されているが、これは通常誤解を招く。ここで言われているのは一時的に拘束されている使用人であり、主人に所有されている人々ではない）。旧約聖書にあるトーラーはある程度、このようにして増え、蓄積されてきた判例法であると推測できる。

時に、トーラーは単に一般的な原則だけを定めている。十戒（出エジプト20・2―17）の大部分はそうした形をとっている。イスラエルに面と向かい、ただ、「盗んではならない」（出エジプト20・15）などと宣言する。特定の場合は何も、示されていない。意味は明らかだと思われている。制裁措置は何も、宣言されていない。「もし～すれば私は～するだろう」という言い方は、背く場合を想定している含みになるので、戒めの力を弱めてしまうであろう。

トーラーはこれらの指示をすべてモーセと結びつけている。これらが祭司職によって教えられ発展してきたことはわかるが、これらの多くの究極的な源はそれよりも前にさかのぼる。姦淫や盗みなどに対する十戒の禁止命令は、モーセの時代（前一三世紀）に目新しいことではなかったであろう。トーラーの定めの多くは、モーセ時代の部族の生活を背景として理解できる。これらの定めの多くは、他の古代民族の教えにも類似したものがある。最もよく知られている例はモーセよりも五世紀前のハムラビ法典である。これらはおそらく、イスラエルの祖先の出身地の文明でも、イスラエルの人々が暮らしていたカナンの民族の文明でも特徴的に期待されていた種類のことだったのであろう。

トーラーは、他の諸民族の教えと多くの類似点がある一方で、イスラエルに特有の傾向もある。イスラエルの律法はしばしばより人道的で、盗みなどでは死罪とされない。英国では一八世紀、合衆国では一九世紀になってさえも盗みで死罪に処せられることがあったのにである。また、犯罪人の手や足を切り落とす罰もなかった。一方、イスラエルの律法の方が厳格な場合もある。殺人だけではなく、姦淫やその他の多くの罪が死罪とされる。ただし、そのような罪で有罪となった人々の処刑の記述は全くないので、この制裁は実践されていたというよりはむしろ理念的なものだったのだろう。イスラエルの諸規則は、他のいくつかの民族の法よりも平等主義的である。富者のための法と貧しい人のための法が別個にあるようなことはない。実際、イスラエルの法では、正義は弱者のためだということが強調されている。罰と同様、補償にも関心が持たれている。争って誰かを傷つけた場合には罰は受けないが、相手が働けなくなった時間の分は補償し、相手が完治するまで治療させなければならない（出エジプト21・19）。

それゆえ、トーラーは私たちの現代の法と比べて、いくつかの点ではより優れているということができ、前世紀の私たちの法律よりも文化的に進んでいるように見えるが、いくつかの点では遅れていると感じられる。女性の地位が低いことは特に目立ち、今日、女性が男性と同じ権利を持つのが当然と思われていることと対照的である。トーラーは、人々の生きた文化の中から始まった。実現不可能な理想の啓示ではなく、生活をより人道的な状態に改善していこうとする試みの集成なのである。

レビ記

すでに見たように、トーラーは祭司たちの職務である。祭司たちの特別な関心はレビ記に集められている礼拝に関する指示にある。出エジプト記での教えから次のレビ記に進むと、法律書から祈禱書に移ったように思えるかもしれない。しかし、イスラエルは刑法と社会的習慣、道徳的指針と礼拝のための覚書との間に厳密な線引きはしていなかった。これらの指示はすべて生活全体を主なる神のもとに行なうためのものだった。

そのためトーラーでは終始宗教的問いが出てくるが、レビ記は特に宗教上要求される事項に焦点が当てられている。さまざまな種類の献げ物についての規則が書き記されていて（レビ1―7章）、これらは、献げ物が神と人間の関係を表し、回復させる手段だった状況では、非常に重要だった。五つの章を費やして（レビ11―15章）、穢れやタブーを引き起こす原因や対処法が説明されている。神がイスラエルに与えた生活上のこうした規則の目的は、イスラエルが決して普通の国民ではなく、神の目的の中で特殊な位置を占めているのだということを体現させることにある。神は後世、イエスの信者に、これらの規則をわきに置いて異なる方法で異邦人世界に救いの手を伸ばすように命じた。

レビ記のこれらの章は、今でもユダヤ人特有の特徴になっているコーシャ（清浄規定に従った食物）の規則の背景になっている。最も印象的な規則の一つは、レビ記にではなく出エジプト記（二回）と申命記に現れる。それは、小羊や子山羊をその母親の乳で煮てはならないという規則である（出エジプト23・19、34・26、申命14・21)。意外な感じがする古代宗教の名残りのようなこの習慣はカナンの宗教で行なわれていたのかもしれないが、その背景ははっきりしない。しかしこの規則は大きな影響を及ぼしてきた。ラビたちは、肉と乳を同じ器で料理することや、一回の食事で両方を食べること自体避けるほうが安全だと決断したからである。

レビ記の後の方の17―26章は、より多様である。祭儀的問題を扱っている箇所もあれば、直接的に倫理的な箇所もある。それらに一貫しているのはイスラエルの聖性への関心である。「聖なる者となりなさい。あなたがたの神、主である私が聖なる者だからである」(レビ19・2)。この動機づけはあらゆる種類の規則に通じるものとして語られている。聖なる者であることは、神のために分けられていることである。イスラエルは特殊な民であるように、そしてそのことによって神の特殊性を証しするように呼び出されている。

レビ記のこの部分には(レビ23章)イスラエルの宗教的祭りの説明が書かれている。祭りのリストは、週ごとの休息の日である安息日から始まる。十戒(出エジプト20章、申命5章)は、安息日を守るべき二つの理由を示唆している。安息日は、創造の業での神を模倣するものであり(神は六日働いた後休んだ)、神がエジプトでイスラエル人に示した憐れみを思い出させるものである(奴隷として彼らにはそこで休息の機会がなかった)。安息日の遵守は、捕囚の地でイスラエル人であることを示す固有のしるしとなった。

安息日の原則はのちに、農耕地に安息、つまり休閑の年を与えることにも拡大された(レビ25章)。そうして、七年ごとの安息年は「回復の年」となるべきであり、すべての借金は帳消しにされる。貸されていた土地は、もとの所有者に返されねばならず、拘束されている使用人は解放される。土地は神のものであり、神の下で（ヨシュアの時代に）神が割り当てた家族に属するので、売られてはならない。また、人々は神の像に作られたのであり、「所有」されることはできない。

実際の祭りのリストは、三月から四月に行なわれる過越の祭りで始まる。イスラエルの民はこの祭りを彼らの年の初めとするように命じられた（出エジプト12章）。なぜなら、これは、一つの民族としての彼らの始まりを画す出来事だったからである（本書第３章参照）。これはイスラエルの宗教的祭りに特徴的なことに、農民や羊飼いとしての生活と神の民の救済史の両方を背景としている――このことはキリスト教のクリスマスやイースターの祭りが異教の要素を持っているのといくぶん似ている。過越の祭りでは、小羊が殺されてその血が家の入口の二本の柱と鴨居に塗られる。この宗教行事はおそらく、羊飼いの遊牧生活の年周期を背景としている。しかし、エジプト脱出がたまたまこの祭りのときに起こったので、出エジプトの出来事の一部となり（出エジプト11―13章）、神が自分の民を救った救済の物語の一部となったのであろう。イエスが殺されたのは過越の祭りの時期だった。そこで、イースターと過越は、年の同じ時期に訪れる。新約聖書はイエスの死を、過越の羊の死になぞらえて、人々の贖いを可能にしたものと見ている。

過越の祭りに伴って、農耕祭のうちで最初の、除酵祭がある。この祭りの時には、新しい収穫を見込んで古い年の酵母が捨てられる。出エジプトの物語から言えば、酵母を入れないパンを食べることは、出エジプトの際にイスラエルの民が、酵母を使ってパンを発酵させる時間がないほどに急いで出発したことを思い出させる（出エジプト12・39）。

イスラエルの農耕生活の重要性は、イスラエルの民がいくつかの収穫祭を祝っていたことにうかがえる。皮切りは大麦の祭り〔初穂の祭り〕の始まりである。収穫された初穂の束は祭司に届けられる（レビ23・10）。生活の他の領域でも、最初の実りが神にささげられるという原則が受け入れられた。農民はすべての動物の初子を神にささげた（出エジプト13・12）。他の民族も時に最初の子どもを神々にささげるいけにえにしており、イスラエルも宗教的、道徳的に退廃していた時期にはそのようなことを行なっていた（エレミヤ7・31などを参照）。しかし、アブラハムとイサクの物語（創世22章）には、そうした大きな犠牲を進んでささげようとする気持ちは高く評価されるが、一頭の動物が子どもの代わりにされるべきことが記録されている。

初穂がささげられてから七週間後、大麦の祭りの完了が五旬祭で祝われる。ここでレビ記は、礼拝についての関心からそれて、収穫の際には畑の隅まで刈りつくしてはならない、貧しい人々や収穫できる自分の土地のない寄留者がとれるように残しておきなさいと注意している〔レビ23・22〕。

最後の収穫祭の前に、まだ二つ行事がある。暦の一年は（今でもイスラエルではそうだが）九月から一〇月の、過越祭から数えて「第七の月」に始まる。これは、農耕での一年の始まりで、夏の長い渇水期の後で、雨が降り始めることが期待される。自然は生き返り、翌年の収穫のために地を耕すことができるようになる。新年は特別な休日として祝われるが、それよりも小規模な祝日が、毎月、月初めに置かれている。

その一〇日後に一年で最も厳粛な日がやってくる。大贖罪日、ヨム・キップールである。この日には毎年、民の罪を取り除くための儀式が行なわれる（レビ23・26―28）。この日の儀式では（レビ16章）、最初に神殿で一匹の雄山羊が犠牲に屠られる。次に大祭司がもう一匹の雄山羊の頭に手を置く。これは、象徴的に民の罪を移す行為であり、その後、この雄山羊は荒れ野に追いやられる。

　大贖罪日が終わると、今度は、最後の大きな喜びの行事、豊かな実りの収穫を祝う祭りがある。これは、「仮庵の祭り」（スコット〔レビ23・34―36〕）と呼ばれ、収穫作業の間、まにあわせのテントで野宿する習慣だけではなく、イスラエルの民がエジプトを出た後、このような簡単な仮庵での生活をしなければならなかったことも思い出させる。

申命記

　申命記については第4章でいくらか述べた。ここには、契約の中での民に対する要求の最も体系だった解説がある。この書は最初に、神は自分が民のために行なったことに対する単なる外面的な応答には興味がないことをはっきりさせる。神は、彼らの唯一の神であることを望んでいる。彼らが心を尽くし、魂を尽くし、力を尽くして神を愛することを望んでいるのである（申命6・4―5）。イエスはこれを最も重要な戒めと理解した（マタイ22・37）。最も重要な二番目の戒めは、レビ記19章18節の、自分自身を愛するように隣人を愛しなさいという戒めである。すべてのユダヤ人にとって、申命記6章4―5節は彼らの信条の中心であり、彼らが最もしばしば思い起こすものである。

　申命記はさらに、神が自分の民の一人一人に期待する応答を項目別に挙げてゆく。神への信頼、神への敬意、神への忠誠などである。彼らは、神が彼らに示した恵みを絶えず思い起こさねばならない。

彼らは神の指示に細部まで従うことによって、自らの応答を具体的に表さなければならない。これらの指示の内容は、出エジプト記やレビ記や民数記の指示と似ている。申命記に独特な特徴は、神の要求の体系化だ。申命記12―26章には神の民の生活全体にわたり、非常に大雑把に言えば、礼拝、服喪、食物、贈与、使用人の扱い、祝祭、司法、戦争の遂行、犯罪の取り調べ、性的清浄、離婚、再婚などについて書かれている。共同体としても個人的にも、生活のすべてを主なる神に従ってなさなければならない。そうすることによってイスラエルの民は、「神自身の民」であるとはどういうことなのかをあらゆる面で体現できるのだ。

申命記の神学は美しくつり合いが取れている。恩寵と従順、神の行為と民の応答、内面的な態度と外面的な実践、従順への招きと罰の警告――これらが互いに見事に組にされている。しかし、申命記の指示が要求することは、ただ受け身でいて与えられるようなものではない。申命記の頂点をなすのはヨシヤの宗教改革だった（本書第2章参照）。しかしこの宗教改革は失敗した。トーラーには何も悪いところはなかったが、トーラーを与えられた民のほうに悪いところがあった。トーラーは、民が従うようになる前に、単に石板に書かれるだけではなく彼らの心に記されなければならなかったのである（エレミヤ31・33）。あるいは、申命記の言い方によれば、主なる神が彼らの心に割礼を施し、主に従い主を愛する心を彼らに与えなければならなかったのである（申命30・6）。

これは、申命記の期待が過度の要求であるとか煩わしいとかいうことではないし、すでに見たように、ユダヤ人はトーラーを重荷とは見ていない。トーラーは神の恵みの贈り物であり、それを成就することは神に応答する一つの方法なのだ。だから、トーラーはユダヤ人にとっては喜びの源である。

最も喜びにあふれた年中行事の一つは「律法歓喜祭」〔シムハット・トーラー〕である。この祭りは旧約聖書にさかのぼるものではないが、この祭りに特徴的な歓喜は旧約でもいくつかの詩編に情熱的に見られる（特に詩編119編は一七六節にわたり、トーラーに対する熱意があふれている）。

新約聖書は、トーラーについて完全に異なる見方が可能なことを示している。イエスの信者の中には、イエスを信じるユダヤ人と同様にイエスを信じる異邦人にもトーラーを押しつけたがった者たちがいた。そのような押しつけは、神の異邦人との関係の基礎も、神の現在のユダヤ人との関係の基礎も損なってしまう。トーラーから学ぶべきことは依然として多いが、契約におけるトーラーの地位は変わったのである。

第9章　預言者たちの使信――イザヤ書～マラキ書

イザヤ書からマラキ書までの一五の書には預言者の名がつけられている。哀歌とダニエル書も英訳聖書ではこの部分〔預言者〕に入っている。しかし、ヘブライ聖書では、これらは他の部分〔諸書〕にあり、本書でもこれらは第12章と第13章までとっておく。

ヘブライ聖書ではヨシュア記から列王記までの物語は預言者の書の一部と考えられており、この見方は預言の重要な特徴を反映している――預言は歴史的出来事と結びついているのである。預言者が伝える神の託宣は、主なる神が彼らの時代の歴史に介入し、歴史を支配していることを反映している。

預言の最盛期は、イスラエルに王がいた時代である――サウルの時代から捕囚まで、そして、次に、捕囚期とその直後に王国復興の希望がいくらか見えた時である。危険なことに、王たちは常に、神がイスラエルの真の王であるという事実を無視するやり方で支配しかねなかった。預言者たちは、国家の制度的指導者と対峙して神からの言葉を語ることができた。彼らは、王たちが神の意思に逆らっているとき、神の意志を宣言する手段になりえた。サムエル、ナタン、アヒヤ、エリヤ、エリシャ、アモス、イザヤ、エレミヤなどの人物がこのように働いているのが見られる。

紀元前八世紀、アモス、ホセア、イザヤ、ミカの出現で、ある新しいことが起こった。最初は、預言者たちの名前が、彼らの教えや時にはそれに関連して彼らの生涯に起きた出来事などを集めた書につけられた。これらの預言者たちはもはや、サムエル記や列王記で語られているような、単なる物語中の人物ではない。実際、サムエル記や列王記で触れられているのはイザヤ〔列王上19章〕とヨナ〔列王下14・23〕だけである（ハガイとゼカリヤはエズラ記に出てくる）。前八世紀は、イスラエルが大帝国（アッシリア、バビロニア、ペルシア、そして後にはギリシア）の影響や支配下に入った時代の始まりだった。そしてその時、神はこれらの帝国を用いてイスラエルを罰する――そして、その後復興させる――と警告している。

それぞれの書にあるすべてが、1章の見出しに書いてある名前の預言者によって語られたわけではない。預言書は選集《アンソロジー》ではないが、一人の預言者のもともとの言葉をその弟子たちが拡大した文章も入っている。そうして、神は彼らをもまた用いて彼らがさかのぼる預言者の精神でのちの世に新しい託宣を伝えたり、あるいは、彼らの託宣を新しい状況で批判したりしている。その最も明らかな例はイザヤ書である。イザヤは弟子たちに、預言の成就する日まで、神が彼に与えた「証しの書を守り、教えを封じて」（イザヤ8・16）おくように命じた。一世紀半のちの捕囚はそれらの託宣の暗い面が正しかったことを証明した。そして、今「イザヤの精神で」語る新しい預言者たちが現れ、イザヤの託宣が成就した現在、イザヤならば伝えたであろう新しい託宣を説き教えた。結果として、彼らの説教は別個の書を形成するのではなく、イザヤ書の中に現れている。他の書のいくつか（特に、エレミヤ書、エゼキエル書、ミカ書、ゼカリヤ書など）も多かれ少なかれ拡大されている。それゆえここには、一つの世紀の一人の預言者の託宣だけではなく、神の言葉をのちの時代に伝えるさらなる預言者、あるいは預言者たちがつけ加えた託宣も入っている。

なぜこれら前八世紀以降の預言者たちの書には、彼らの名前がつけられたのだろうか。アモスとともに、イスラエルの宗教には新しい特徴が入っていた。彼の時代までは、イスラエルの信仰を基本的に決定する事柄は、神が過去になした出来事だった——アブラハムに始まり出エジプトとカナン入りを経て、王制の確立、エルサレム占領、そして神殿建設に至る出来事である。しかし、アモスは、イスラエルが最も真剣に考慮しなければならない出来事は、まだこれから先のことだと宣言した。それは、ヤハウェの日、主の日である。さらに、これらの預言者の託宣には改革主義的な性格があり、単にイスラエルの人々の目を過去ではなく未来に向けさせるだけではなかった。彼らは、未来は楽しいものではないと宣言した。ヤハウェの日は光ではなく闇になるだろう（アモス５・18—20）。これは実際、イスラエルが自分たちの不道徳なわがままさや、自己中心的な共同体生活、宗教的不実さ、政治的実利主義から立ち帰らない限り、イスラエルが知っているような生活の終わりを意味する。

それゆえ、預言者とは、予言する者であるとともに、神の啓示を宣べ伝える者でもあった。彼らはこれから起こることを宣言し、イスラエルがわがままで自信過剰の時には裁きを宣言し、確信を失い意気消沈している時には（捕囚の地で）、未来の復興の託宣を伝えた。このような意味では、彼らは予言者だった。彼らは単に時のしるしを読めた人々というわけではない。しばしば、彼らの託宣は政治的に予期されることに反していた。神が彼らに告げたことに基づき、政治的な必然性はなくとも、道徳的、神学的な要請に関して啓示するものであった。しかしながら、未来のことを語るだけではなく、彼らは、現在の瞬間における神の要求も宣べ伝えた——つまり、預言した。くりかえし現れるキーワードは「悔い改め」、つまり「立ち帰り」とも訳される言葉である。人々は神に背を向け離れてしまっている。そして、彼らが神に立ち帰らなければ、神の方も彼らから離れてしまうかもしれない。悔い改めとは、単に後悔の感情ではなく、全人格的方向転換である。神の要求は、未来に関する預言者の言葉に照らして見れば、人々が今、生き方の方向を転換しなければならないということである。

預言者たちはこのように語って、自分たちを神の使者あるいは神からの助けと見ていた。この世の王には使者がいて王の布告を伝えた。使者たちは、「王は言われる。こうこうの状況なので、私はこれこれのことが起こるように宣言する」と言っただろう。同様に預言者は、「神は言われる。こうこうの状況なので（神の民が神に反逆したので）、私はこれこれのこと（神の民が捕囚になる）が起こるように宣言する」と言う。神の代弁者として、相手によくわからせるため、多くの手段を使う。彼らは人々に呪いを宣言することもあり（一人の人が他の人を呪うように）、人々の不実さを嘆くこともある（自分の伴侶の不実さを嘆く人のように）。滅びる定めにある国の弔いの哀歌をうたうこともある（葬式の弔問者のように）。譬えや謎を語って注意を引き、相手の注意をうまく利用することもある。いずれにしても、彼らは自分たちが与えられた極めて重大な託宣をしっかり理解させようとしている。

これらの異なる種類の託宣がもつ外的な形の長所を理解しようと努める価値はある。特定の種類の個々の例は、すべてそれぞれの固有の要点を持っている。しかし、個々の例に共通する外的な形から学べることもある。この点は、私たちが読んだり聞いたり見たりしたものの外的な様式や形そのものから、いかに多くのことを学んでいるかを考えればよくわかるであろう。これは手紙が極めて重要な伝達手段だった時代には特にそうであった。人々は異なる何種類もの手紙を受け取ったであろう――

レターヘッドのついた紙にタイプしてある仕事の関係者からの手紙や、手書きのもの、印刷してあるものなど。用いられている言語も、改まった法律用語、あるいは、個人的で気さくな言葉、あるいは、広告のチラシでの熱烈な最上級など、それぞれ異なっていた。人々は特定の文章を読む前に、それを「どのように」読むかを知っていた。誇張した言葉をどれくらい割り引いて受け取るべきか、行間に何を読み取るべきか、などである。その後、彼らは（たとえば）広告のチラシは、個人的な手紙の形や消費者レポートのような形で書くこともでき、その場合には異なった種類のインパクトが与えられる（あるいは、与えられると期待できる）とわかったであろう。同様に、預言者たちは日常生活の多様な発話形態を取り上げて彼らの宗教的目的に活用することによって異なる種類のインパクトを与えたのである。

王の使者の言葉に力があったように、預言者の言葉には力があった。その預言者が真に神から遣わされたのであれば、その言葉は必ず成就するに違いなかった。しかも、預言者たちは伝えるべき言葉を説教するだけではなかった――それを実際に行為で表したのだ。エレミヤが陶器の瓶を砕いた時（エレミヤ19章）、それは単なる演技ではなかった。エレミヤは神に委任されていたので、彼の行為も、神の意志を実行した。瓶を砕くことは、国の粉砕を実行し始めることだったのである。そこでしばしば、預言者たちを黙らせる試みがなされた（エレミヤ20章参照）。彼らは危険な人物だったのだ。

イザヤ書

イザヤ書ははっきりといくつかの部分に分けられる。

- 1—12章　イザヤはアハズ王の時代（前七三〇年代頃）のユダの人々を弾劾する。ユダは礼拝には熱心だったが、道徳的反逆と住民同士の不実さに満ち、実際面では自国を守るために神に依り頼むより、巧みな政治同盟に頼ろうとした。イザヤは神の裁きを警告したが、最終的には神はイスラエルを復興させてくれるとの約束もする。この箇所は、「その日に」イスラエルがうたう賛美の詩編で終わる。
- 13—23章　イザヤは神の審判がバビロン、モアブ、ダマスコ、エチオピア〔クシュ〕、エジプト、アッシリア、ドマ、アラビアなど、他の国々にも下されると宣言する。彼の憤りは諸国がユダに敵対してきていることを反映しているが、預言はユダ自体に向けられている。ユダに対して、これら他の民族に頼ってはならないと警告し、また、彼らを恐れるなと励ましている。加えて、イザヤは一方で、エルサレムをも糾弾の対象に入れて、エルサレムが他のどの国と比べても少しでもましな位置にいるわけではないことをはっきりさせているが、他方で、彼は他の多くの国々への裁きを語るだけではなく、それらの国々にも憐れみと祝福を約束している。
- 24—27章　この箇所では、さらに裁きと復興が描かれるが、政治的な個別の例についての言及が減り、神がついにはユダを復興させてくれることが約束される。描かれる情景はむしろ万人の裁きと蘇生である。

・28―35章　この箇所では、さらにユダへの弾劾がなされるが、神はついにはユダを復興させるという約束がなされる。その時には「荒れ野と乾いた地は喜び／砂漠は歓喜の声を上げ／野ばらのように花開く」〔イザヤ35・1〕。これらの章はイザヤ書1―12章に並行しているが、書かれた時期はのちの、特にヒゼキヤ王時代に属し（前七〇〇年代頃）、神を信頼せよとの訴えかけが中心的な特徴となっている。

・36―39章　これらの章は同じヒゼキヤの統治時代を反映している。しかし、イザヤによる託宣ではなく、列王記下に記録されているイザヤについての物語に似た物語である。そして、ヒゼキヤの治世を超えて、一世紀以上先に起こるユダ人のバビロンへの捕囚に目を向けている。

・40―55章　この箇所は、二世紀近く後の、エルサレムが破壊され（前五八七年の出来事）、多くのユダ人がすでに五〇年以上捕囚になっている状況を想定している。その事実に照らして、これらの章は新しい調べを奏で始める。ここでは、困窮した人々への「慰め」が託宣の中心になっている。神はまもなくバビロンを打ち負かし、人々を解放してユダに帰還させるだろう（これは前五三九年に起こる）。

・56―66章　これらの章では再び、あまり特定の物事への言及はなされていない。イザヤ書1―12章のように、人々の身勝手なわがままさや不従順を弾劾する訴えをしているが、ここに描かれていることは前五三九年のバビロン滅亡後の、イザヤ書40―55章で約束された帰還は実現したが、まだす

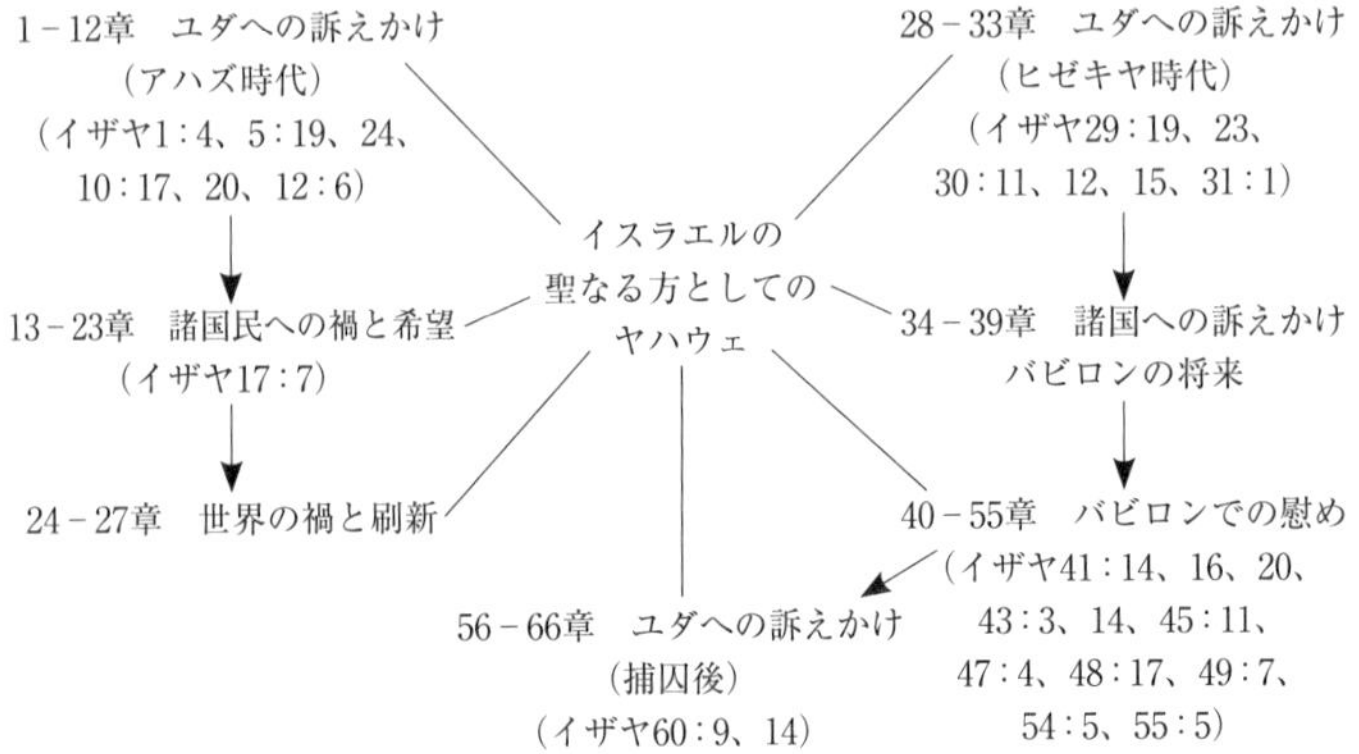

図9.1　イスラエルの聖なる方の書としてのイザヤ書

べてがしかるべき状態にはなっていないユダの状況を反映している。イザヤ書全体は、新しいエルサレムの約束で閉じる。

イザヤ書はこのように、多くの異なった時代に語りかけ、多くの異なったテーマを取り上げているが、一貫した特徴は、この書全体でイスラエルの神ヤハウェが「イスラエルの聖なる方」と呼ばれる頻繁さである。神をこのように呼ぶ呼び方は聖書に三〇回しか出てこないが、二五回はイザヤ書にあり、それはこの書全体にわたっている。イザヤ書は、イスラエルの聖なる方の書なのである。この呼称はいくつかの詩編にも出てきており（詩71・22、78・41、89・19、またエレミヤ50・29、51・5にもある）、おそらくその起源は神殿礼拝にあるが、イザヤ書はこれを自身のものにしている。これは、イザヤが預言者としての任務を与えられた幻と結びついている。「聖なるかな、聖なるかな、聖なるかな／万軍の主」（イザヤ6・3）とセラフィムは宣言した。聖なる方の幻は、この書全体の背景としてある（図9・1

参照)。
イザヤはエルサレムの人で、神殿の人、王の宮廷の人である。彼は神がエルサレムに深く関与していること、神がエルサレムを自分の都に選んだこと、エルサレム神殿は神の家であり、エルサレムで統治している王は神の代理人であることを知っている。彼は神が正義の神であり、「妬む」神〔出エジプト20・5〕であって、神に対して不実な民を安易に見逃さないということも知っている。そのためイザヤはジレンマに陥っていた。エルサレムの社会的、道徳的生活は腐敗している――「それゆえ、エルサレムは裁きに値する。ユダの指導者は神を信頼せず、代わりに、さまざまな周辺諸国との抜け目ない政治取引による実利政策をとっている――それゆえ、彼らは裁きに値する。それでもこれは、神の都であり、王は神の油注がれた人〔油を注がれて神に任命された人〕なのだ。

イザヤはそれゆえ、エルサレムは懲らしめられなければならないが、実際に滅びることはないと宣言した。決定的な瞬間に、神は自分の民を侵略者から救い、侵略者を罰するだろう。ユダの王たちは厳しい罰を受けなければならないが、ダビデの家系は捨てられはしない。キリスト教時代の教会で使われるいくつかの聖書箇所は〔イザヤ9・1―6、11・1―5〕、ダビデの家系の王の理想を真に満たす王が到来するという約束を表している。

イザヤがイスラエルに対する神の信実をイスラエルを罰する必要性と折り合わせるためのもう一つのモチーフは、残りの者の概念である。彼は、自分の息子をシェアル・ヤシュブ、すなわち「残りの者が帰ってくる」〔イザヤ7・3〕と呼ぶ。残りの者が帰ってくるという表現は、いくつかの考えを表しうる。そして、イザヤはそのすべてにいくらかの真理を見たのかもしれない。一つには、何人かの残りの者だけしか、神のもたらす災いを逃れて約束の地には戻ってこられないだろうということだ。この名は、その場合、裁きの託宣となる。同時にこれは、希望の託宣をも示唆しうる――「少なくとも何人かの残りの者たちは帰ってくるだろう」と。すべてが失われたわけではないのだ。この意味では、この表現は、（単に物理的な約束の地への帰還だけではなく）悔い改めて神に立ち帰ることを指しているとも言える。これは暗に、聞き手が「残りの者たち」に属するか、つまり、神に立ち帰る少数の者たちの一人であるかを問う道徳的問いかけを含むさまざまな強調点で理解され、「残りの者」の概念は永続的、神学的重要性を持ってきた。

ユダが恐ろしい懲らしめを受けなければならないとのイザヤの確信は、彼の見神経験と結びついている（イザヤ６章）。神殿の中で、おそらく大きな礼拝の最中に、会衆全員が神の臨在に歓喜している時、イザヤは神の幻を見る。その幻ではセラフィムが「聖なるかな、聖なるかな、聖なるかな、万軍の主」〔イザヤ６・３〕と宣言し、神は誰かが自分の民に預言の言葉を伝えることを求めて呼びかけている。イスラエルの神は聖なる方なので、イスラエルは神の民であっても懲らしめられなければならない。

のちのイザヤ書40―55章では、神がイスラエルの聖なる方であるということは、もはや脅威ではなく励ましになる。イスラエルが捕囚になっている今、前の章で宣言されていた罰、（そしてそれ以上の）罰を経験してしまった今では、預言は意気消沈した捕囚民の信仰が堅くされることを約束した。なぜなら、「イスラエルの聖なる方」は彼らの復興者だからである。

それでは、イザヤ書40―55章で語っているのは誰なのだろうか。一見したところでは、これらの章はイザヤの以前の預言と同じ書に入っているので、これもまたイザヤの言葉であるように見える。しかし、語り手は捕囚期に生きている者として語っている。この預言者は、イザヤ本人が語れたように捕囚と復興を予告しているだけではない。彼は捕囚を、もう少しで終わるものとして語っている。そのことから、これらは誰か捕囚の後期に生きていた人の言葉であることがうかがえる。イザヤ書の最後の数章（イザヤ56―66章）は、さらに別の、もっと後の時代にカナンで預言活動をしていた一人、あるいは複数の預言者たちから来ている。これらの預言者たちはすべて、イザヤ自身と同様の視点から物事を見ていた（彼らの預言がイザヤの名を冠した預言集に含まれているのはそのためである）。彼らは皆「イスラエルの聖なる方」の預言者だったのだ。

イザヤ書40―55章の著者は「第二イザヤ」として考えうる。彼は、「第一イザヤ」と多くの点で共通点を持っているが、彼自身に特有の特徴もある。彼の託宣は、基本的には裁きの託宣ではなく希望の託宣であり、この違いは、彼の歴史的状況から来ている。第二イザヤも捕囚は強調している――捕囚からの帰還は最初の出エジプトと比べてさえも、さらにすばらしい出エジプトであるという点で。しかし、第一イザヤは出エジプトには触れていない。第一イザヤはダビデの家から出る王を強調するが、第二イザヤはダビデの血筋のメシアについては語っていない。彼は民全員が今、かつてはダビデのものだった神との特別の関係を与えられていると見ている（イザヤ55章）。イスラエルの民は神の僕となるように招かれている――ただし、この預言者は、彼らがこの招きの要求を満たすことはできないと気づいている。第二イザヤは、神の僕になることへの召命が何を含んでいるかを語り描いている。この召命は、苦難と苦しみを受け入れることを要求するが、神は、そのように苦難と苦しみを受け入れることは実を結びうると約束している。なぜなら、それは神と人間を和解させる手段になるからである。

エレミヤ書

エレミヤ書はイザヤ書のようには明確にいくつかの部分に分けることはできない――ただ、エレミヤ書1―25章は大部分エレミヤの教えにかかわり、26―45章はエレミヤについての物語、46―51章は他の諸国に対するエレミヤの弾劾（これはイザヤ13―23章に似ている）、52章は末尾の語りで、列王記下の結びの物語を繰り返し、エルサレムが占領され、そのことによってエレミヤの預言が成就した次第が語られる。

〈エレミヤ書1―25章　エレミヤの託宣〉

1章　エレミヤの召命
2―6章　ユダの背信と強情さ、およびその罰
7―10章　神殿、偽りの言葉、偶像への間違った信頼に対する警告
11―20章　神の託宣の拒絶と神の使者の迫害
21―24章　ゼデキヤ王の時代からのさらなる警告
25章　エレミヤの召命から前六〇四年までの二三年間の宣教活動についての彼の振り返り

〈エレミヤ書26―45章　エレミヤの生涯〉

・26―35章　神の託宣による要求（a）

26―29章　エレミヤの託宣にかたくなに抵抗するほど、民の苦境はひどくなると強調する三つの並行した話

30―33章　しかし、最も暗い時間は希望の夜明けである。神は裁きで終えるつもりではない。

34―35章　選択。反抗し続けて裁かれる民のようになるか（34章）、戒めを守る少数者のようになるか（35章）。

・36―45章　神の託宣による要求（b）

36章　36―45章への序。〔書記官〕バルクの任務と、神の預言の言葉に応答せよとの彼を通して与えられる訴えかけ

37―44章　エルサレム陥落の物語からの四つの場面。陥落に続く出来事、エレミヤが強要されたエジプトへの出発。各々の場面で（37―38章、39―41章、42―43章、44章）ユダ人は神の意志を受け入れるなら新しい出発を差し出されている、ということが描かれる。しかし、彼らは毎回抵抗し続けて機会を逃す。

45章　36―45章の結び。バルクの払う犠牲、一人になっても信実を貫くようにとの彼への訴えかけ

〈エレミヤ書46―51章　他の諸国についてのエレミヤの託宣〉

〈エレミヤ書52章　エピローグ――いかに託宣が実現したか〉

エレミヤ自身についてこれほど多くの話が入っていることが、この書の顕著な特徴である。他の預言者の書はどれも、これとは比べものにならない。エレミヤ書は、彼がどのように預言者になる召命を受けるに至ったかを教えるところから始まる。彼の召命物語は彼がこれから行なう宣教の正当性を裏づける。彼は、彼の宣教中の多くの出来事について語る。彼が神から託宣を受け取った時（たとえば、陶工を訪ねた時［エレミヤ18章］）のこと、彼が神の託宣を伝えたいくつかの機会（たとえば、神殿で［エレミヤ25章］）についてなどである。物語の多くはエレミヤの託宣がどのような反応を受けたかを伝え、そこに話の意義がある。他の預言者たちと比べてエレミヤが特に不成功だったわけではないかもしれないが（預言者たちはたいてい失敗者だった）、彼が受けた個人的敵対はイザヤのような他の預言者たちについて記録されているよりも辛辣である。エレミヤについての話は、彼がいかに拘束され、死に脅かされ、涸れた水溜めに投げ入れられ、他の預言者たちに愚弄されたかを語っている。エレミヤは神の託宣を伝えたが、他の預言者が神の託宣をどう受け取ったかは、彼らがその伝え手に何をしたかに表されている。

エレミヤの物語のほかにも、同じことが、エレミヤが、聖書中詩編以外に比類ない率直さと切実さをもって思いのたけを神に吐露した詩（エレミヤ11―20章）にうかがえる。エレミヤのこうした抗議は、彼の内面の苦難の物語、預言者であることが彼自身に個人的に課した代価を私たちに告げる。エレミヤの場合には、神の託宣と託宣の運び手は区別しがたい。エレミヤは神と同一視され、それゆえ、人々がエレミヤをどう扱ったかは、彼らが神をどのように考えているかを表している。

エレミヤの託宣と一世紀以前のイザヤの託宣には類似した点がある。どちらも、神の民には必ず裁きが来ると宣言した。相違もあるが、それは一つに彼らの背景から生じている。イザヤはエルサレムを拠点として、そこを神の住まいと考え慣れていた。そこで、彼は神がエルサレムやダビデ王家の王たちに深く関与していることをはっきり見ており、神がエルサレムを救い、ダビデへの約束を信実に守ることを約束した。イザヤが正しかったことは証明されていた。エルサレムは奇跡によって王センナケリブの攻撃を逃れていた〔イザヤ37章〕。イザヤの託宣の正しさは立証されすぎていたとさえ言えよう。人々はエルサレムは永遠に安泰だと過信していた。エレミヤ時代にエルサレムが再び圧迫されていた時も、イザヤの託宣を繰り返して、エルサレムは神に守られているので安全だと言おうとする預言者たちがいた。彼らの説教は、ヨシヤ王の統治時代にユダが自ら宗教改革をしていたことで裏づけられると思われた。だから、神はかならず自分たちに味方してくれるだろうと。

こうして、エレミヤは有力でもっともな神学的風潮に異議を唱えなければならなかった。ヨシヤの改革は（彼もヨシヤがこれを始めた時には支持したが）十分ではなかった。人間の心の悪はヨシヤが押しつけた外的な手段では変えられなかった。イザヤの託宣は、イザヤの時代には適切だったかもしれないが、今では不適切になっていた。

エレミヤがそのことを託宣として伝える預言者になったのは、彼がイザヤとは非常に異なっていたからである。彼はエルサレムの人ではなかった。彼は、アナトトという村の出身で、それはエルサレムからほんの三マイル北だがユダとベニヤミンの領域の間の決定的な境界を越えたところにあった。それゆえ、彼は南王国ユダよりもむしろ、北の部族に属していた。彼の一族はユダの人々ほどにはエルサレムを志向していなかったであろう。これは、エレミヤが属していた祭司の家系が（エレミヤ1・1）ソロモン時代にエルサレムの祭司の家系から排除された（列王上2章）家系だったと推測することが正しいとすれば、なおさらである。

北方諸部族は自然とユダ人よりもエルサレムに対する関心が薄かったので、明らかに、早い時期の出エジプトと契約の神学に、より注意を払っていた。出エジプトはイザヤやミカのような預言者の書では触れられていない――エルサレムとダビデを選んだ神の選びがすべてなのだ。出エジプトの信仰を語るのは、北の預言者たちだ。エレミヤはエルサレムで説教したが、彼は北の預言者だった。そこで、彼はエルサレムに、神がエルサレムとダビデを選んだことの背後にある信仰に戻るように、モーセの時代に神がイスラエルと契約を結んだ、先立つ物語に戻るように呼びかけた。それは、神との関係の道徳的、社会的、政治的意味合いを強調し、出エジプトの信仰を真剣に受け止めない者たちには裁きが、そしてとりわけ捕囚が、やってくるだろうと宣言する話だった。

おそらく不可避なことに、ユダの人々は、国境を越えたところからやって来たこの神経質な若者の奇妙な弾劾よりも、自分たちの同胞の心地よい預言者たちが、偉大な先人であるイザヤの託宣に基づいて語る心地よい預言の方を好んだ。

エレミヤの預言は、陰気なばかりではなかった。諸国についての彼の預言にはある意味で、ユダにとっては励ましになることもある。彼はまた、はっきりと、裁きの一方では希望があることを約束している（エレミヤ30―33章）。契約は終わってしまったが、神は新しく契約を結びなおしてくれる。その時には人々の心に律法が書き記されることにより、彼らの性格の内側からの改革がなされて、彼らの深刻な宗教的、道徳的問題は解決されるであろう。出エジプトによる自由は捕囚によって終わりを迎えるだろうが、最初の出エジプトよりもさらに輝かしい、最初の出エジプトを語るまでもなくするような新しい出エジプトがあるだろう。ダビデ王朝は滅亡する運命にあるが、王と呼ばれるにふさわしい王たちによって再建されるだろう。ゼデキヤの名は「ヤハウェは私の信実」という意味だが、彼は神の要求を無視した。エレミヤは、「ヤハウェは私の信実」という名にふさわしい生き方をする王の出現を約束している。

エレミヤは自分の言葉を行動で証明して見せた。エルサレム包囲のただ中で彼はアナトトに一画の土地を買うことに同意した。人間的な観点から見れば、これは一笑に付される行為だった。敵が国全体を占領しようとしているのに、土地を所有して何になるのか。しかし、エレミヤは、裁きをもたらす神は復興をもたらす、そして、土地を耕す時は再びやってくると知っていた。預言者というものは常に自分の民の態度と対立するものだ。人々が自信たっぷり（自信過剰）の時には警告を発する。絶望の瞬間が訪れれば、それは希望の託宣を発する時なのだ。

エゼキエル書

エゼキエルの宣教活動はエレミヤの活動の後期と重なる――前五八七年のエルサレム陥落の直前と直後の数年間である。しかし、彼はエルサレムではなくバビロンで預言したので、両者が出会う場面は見られない。エゼキエルはネブカドネツァルによる前五九七年の第一回エルサレム包囲の後に捕囚になったユダ人の、最初の移送集団に入っていた。その時に彼は、バビロンでまだこれから到来するさらに悪い災いに、同胞のユダ人たちを備えさせるように召命を受けた。

ユダに残された人々と同様、前五九七年に捕囚にされたユダ人たちは、よもや都が破壊されることがありうるとは信じられなかった。彼らは、自分たちの捕囚が短い期間で終わり、まもなく故郷に帰ることになると思い込んでいた。エゼキエルの務めは、神に対するユダ人の不実さはあまりにひどく、そのためにさらに厳しい裁きは避けられないと、くりかえし言い続けることだった。

1―3章　裁きを告げる召命
4―24章　イスラエルへの裁き
25―32章　諸国民への裁き
33章　復興を告げる召命
34―48章　イスラエルの復興

エゼキエル書の前半はエゼキエルが前五九七年から五八七年の間に説教した託宣の繰り返しである。この書の配列では、より励ましになる知らせは、エゼキエルが他の諸国民にも神の裁きが下されると宣言する25―32章で始まる。諸国民は特に、イスラエルに対するそれぞれの敵意と復讐心のために糾弾されている。イスラエルへの良い知らせは33章から明言される。エルサレムから、都がついに陥落して神殿も破壊されたとの知らせが入る〔エゼキエル33・21〕。この最悪の事態の瞬間に、エゼキエルの使信が変わる。裁きが警告どおりに成就した今、復興と祝福への道が開かれる。神はイスラエルに正しい道を進ませる指導者を与えるであろう。イスラエルを内側から創造しなおし、死体同然になってしまった状態からよみがえらせ、悪に対する最終的大勝利をおさめ、神殿を再建して再び民の間に住むであろう（エゼキエル33―48章）。

エゼキエルがユダの罪と神によるユダの再興の性質を描く描き方は、彼の背景を反映している。エレミヤと同様エゼキエルも祭司の家の出身だが、エレミヤと異なり彼はエルサレムの公式な祭司階級に属していた。彼は気質的にも祭司だった。彼がエルサレムの罪を描くときには、それはイスラエルの宗教生活の罪であり偶像崇拝によって穢されている神殿のことである。彼が神の裁きを描くときには、神の栄光が神殿を去るという観点から描いている。復興を描くときには、新しい栄光に満ちた神殿の建築という観点から描いている。

エゼキエルは決して平凡な祭司ではない。彼は非凡な個性を持った人物である。エゼキエルの手にかかれば、すべては実物以上に描かれた３Ｄ大画面の映像に大迫力の音響の最新映画のようだ。ほとんどあらゆる点で彼は他の預言者と似ているが、ただ、極度に預言者的である。彼は自分の召命を語るところから始めるが、彼の召命物語は他の誰と比べても二倍は長く、神の玉座の非凡な幻や、裁きの宣告が一面に書かれた一つの巻物を食べよと彼に命じる天からの声のことなどが語られている。彼は譬えのような劇によって、来るべきイスラエルの包囲や、都からのさらなる難民の旅立ちを演じて見せる（エゼキエル４章）。ある幻の中で、彼はバビロンからエルサレム神殿に運ばれ（エゼキエル８章）、そこでささげられている礼拝の極悪さの様子を描いている。彼は、神の花嫁なるエルサレムのみだらな売春行為を複雑な寓話的語りで弾劾している（エゼキエル16章）。次に、同様の広い才能を用いて、より輝かしい未来像が描かれる——枯れた骨（まさにイスラエルの民のようだ）の谷（エゼキエル37章）、マゴグのゴグとの戦い（エゼキエル38—39章）、新しい神殿とそこから流れ出す、どこにでも命をもたらし、死海をさえも魚で満たす命の水（エゼキエル40—47章）、再びユダの人々のものになった土地と、今や「主がそこにおられる」（エゼキエル48・35）と呼ばれる都などである。

これらの映像は果たして現実になったのだろうか。国は改革され、土地は再び彼らのものになり、神殿は、一部の捕囚民がペルシアの許可を得てパレスチナに帰還した時に再建された。しかし、それはとうてい、エゼキエルの幻が示唆したような壮麗なものではなかった。新約聖書は、エゼキエルが与えた約束のいくらかはメシア・イエスを通じて成就したと見ている。イエスは、命の水が流れ出す源なる方である（ヨハネ7・38）。新約聖書は、いくぶん天国や「新しいエルサレム」（黙示録21—22章）のようなものを示唆している。キリスト教徒の中には、エゼキエルが私たちの現代の出来事や近い未来に起こること（ロシアとアメリカの戦争など）を預言していると見ている人々もいる。しかしエゼキエルは自分の託宣は自分が宣教している人々に関係していると強調しており、彼やその聞き手の時代から一〇〇〇年以上も後に起こる出来事を神がエゼキエルに見せる理由は考えにくい。

十二小預言書

旧約聖書は一二の書で閉じる。これらはしばしば小預言者と呼ばれる。この呼び名は不適切にも、

前8世紀	前7世紀	捕　囚	復　興
イザヤ	エレミヤ	（イザヤ40－55章）	（イザヤ56－66章）
アモス	ナホム	エゼキエル	ハガイ
ホセア	ハバクク	ゼカリヤ	
ヨナ	ゼファニヤ	オバデヤ	
ミカ	マラキ		
			ヨエル

表9.1　預言者の年代配列

これらの書があまり重要ではないかのような印象を与えるが、頁をめくるごとに、これらは前に置かれたより長い書と少なくとも同じほど重要であることがわかる。「小」（minor）という語は、もともとのラテン語では、単にこれらがより短いことを意味している。おそらく、これらはちょうど一巻の巻物にうまく納まるために一つにまとめられたのであろう。一方、イザヤ書、エレミヤ書、エゼキエル書はそれぞれ一つの巻物になった。一二書のうちホセア書は一番長く、最初に来る。その後はだいたい年代順になっている（表9・1を参照）。

アモスは、ユダ出身の羊飼いだった。イスラエルには、私たちの職業的聖職者のように、職業的預言者がおり、助言や説教などをしていた。アモスは、伝統的な預言者の家系の出身ではなく、神に強いられて預言者の任務につき、北部族の地域であるエフライムで説教をしたと語っている。彼の預言の声には、新しい響きがある。彼は求めに応じて助言するだけではなく、エリヤやエリシャと異なり、ある王が別の王に取って代わられることになると口を出すこともない。彼は国全体が破滅すると宣言する。神はイスラエルと特別な関係を持っており、だからこそ、神を無視するならばイスラエルは特に罪が重いのだ。アモスには道徳的な厳しさがあり、それが特に彼の特徴となっている。

ホセアもまたエフライムで預言し、託宣の内容も似ていた。彼も、国は神によって滅びるであろうと預言したのである。ホセアの託宣がもつ独特の雰囲気は、聖性と並んで神の根本的な性質である神の愛についての、彼の洞察から来ている。ホセアは自分自身の身をもって、妻に対する愛と、彼女が不実であるゆえに彼女を拒絶しなければならないこととの間の緊張を知っていた。彼は同じ緊張を神のうちに見た。アモスのように、彼は、神が聖であるからには、イスラエルは罰せられなければならないと知っていた。アモスとホセアの正しさは、イスラエル北王国がアッシリアに滅ぼされたこと（前七二二年）で証明された。しかし、アモスもホセアも、神の裁きの背後には愛があり、裁きが神の最終判決ではないということを知っていた。そうして、彼らの預言は希望の響きで終わっている。

ミカはユダに生まれ、ユダで預言した――これはイザヤと同じで、そのせいで彼は少し影が薄くなっている。ミカの託宣はイザヤと似ているが、イザヤよりも徹底的な裁きの預言をした（「シオンは畑となって耕され／エルサレムは瓦礫の山となり」〔ミカ3・12〕）。ミカ書は裁きと復興の預言を組にして二回繰り返している。1―3章と4―5章が一組になり、6章1節から7章7節までと7章8節から20節までが一組になっている。

ナホムの関心は、アッシリア帝国の滅亡にある。アッシリアを象徴するのが首都ニネベであり、ニネベはヤハウェの敵として、「ああ、流血の町。そのすべてが欺きで、略奪したものに満ち／餌食になる者が後を絶たない」（ナホム3・1）と言われ、人を誘惑する遊女として（ナホム3・4）、また残酷な破壊者として（ナホム3・19）見られている。彼はそのように、小国ユダを、敵の力に圧倒されるなと励ましている。

ハバククは中東でバビロン〔新バビロニア〕がアッシリアに取って代わって支配的勢力になった数十年間に活動した。ハバククは自分の周り至るところに見られる不正に悩み、神はこれに対して何を行なうのかと問う。それに対し神は、自分は勢いを増す新興国バビロンを自分の手として用いて、邪悪な者たちを罰するつもりであると応答する。ハバククは恐れた――結局バビロンの人々も罰に値するのだ。神は、彼らの時は来ると約束する。この書は、神に行動を求め祈る詩編で閉じる。

ゼファニヤも、ユダと諸国両方への罰が「主の日」〔ゼファニヤ1・7〕、「神が行動する日」、「主の大いなる日」〔ゼファニヤ1・14〕に下されることを宣言する。しかし、彼は「主の怒りの日」〔ゼファニヤ1・15、2・2〕を超えて諸国が神に立ち帰り、ユダの喜びとともに神が戻ってくる日に目を向けている。

ハガイの預言は裁きが来た後、捕囚のユダ人が故郷への帰還を開始してからだった。しかし帰ってきた約束の地での生活は人々が望んでいたものとは異なっており、彼らは神殿再建の努力をやめていた。ハガイは人々に神殿再建を最優先するように呼びかけ、そうすれば途方もない祝福、ダビデの家の再建という約束の成就を知ることができると訴えた。

ゼカリヤは、ハガイと同時代人で、同じ状況で語っている。彼もまたユダ人たちに呼びかけ、神への献身を保持するように訴えているが、神が彼らに深く関与していることの方を、より強調している。その関与は一連の幻〔ゼカリヤ1・7―6・8〕で描かれている。すなわち、ペルシア帝国はすべて平穏であると報告する巡回の見張り（しかし、神はこの平穏を乱し、エルサレムを復興させようとしている）、砕かれようとする四本の角（ユダの敵たちは砕かれるであろう）、城壁を再建するためにエルサレムを測っている男（しかし都はあまりにも急速に広がっていて測量は追いつかず、いずれにしろ神自身によって守られるであろう）などである。さらに、〔サタンにより〕訴えられるが天で無罪とされる大祭司（神はかならず神殿礼拝を復活させる）、燭台（神が世界を見守っていることを象徴する）、偽証と盗みへの呪いが刻印された、宙を飛ぶ巻物（偽証と盗みは排除されるであろう）、バビロンに運び去られる女（ユダから偶像崇拝が取り除かれる）、ヤハウェの意志を実行するために遣わされたさらに四台の巡回戦車の幻が語られる。ゼカリヤ書の後の方の数章〔ゼカリヤ8章以下〕では、さらにユダの復興と諸国の受ける罰が描かれる（その細部は難解である）。

オバデヤは、エドム人について、彼らはイスラエルと親族関係にあるが敵であり、その傲慢さと残酷さゆえに罰せられるであろうと宣言する。エドム人はユダの国土の多くを占めていたが、ユダ人自ら神に代わってエドムを支配するであろう。

マラキは、ハガイやゼカリヤと同じ状況、いわゆる復興のつらい状況での落胆を反映している（ただし、彼はわずかに彼らより後の人である）。マラキは、祭司や人々に、生活や礼拝において神を敬うように呼びかけ、「大いなる恐るべき主の日」〔マラキ3・23〕が来ることを警告する――しかし、ヤハウェに従う人々には「わが名を畏れるあなたがたには／義の太陽が昇る。その翼には癒やしがある」（マラキ3・20）と主の預言を伝える。しかしその日の前には、エリヤが来なくてはならない。新約聖書は、洗礼者ヨハネがエリヤの役割を果たしていると見ており、ユダヤ人は今日に至ってもなお、彼らの過越の食事でエリヤの席を空けている。

ヨエル書は、いなごの禍が圧倒する描写で描かれている。いなごは国中の作物を食い尽くしかねず、その禍は壊滅的惨事である。この大惨事は裁きの日のことを語っており、ヨエルはこれを考えて悔い改めるように求めている。しかし、彼は、神が「食い荒らすばった／そしてかみ食らうばったが食い荒らした歳月を／あなたがたに償おう」（ヨエル２・25〔ここでの「ばった」はいなごのことであり、口語訳、新共同訳では「いなご」と訳されている〕）と約束したことを前提している。大いなる裁きの日はこれから来るが、大いなる恵みの日も来るのだ。そしてその日には、神は自分の霊をすべての人に注ぐのである（ヨエル３・１）。

第10章　使徒たちの書簡――ローマの信徒への手紙～ユダの手紙

ある意味で、書簡は聖書の最も驚くべき部分である。これらは手紙にすぎない〔書簡［epistle］は、手紙［letters］を表す古語である〕。聖書（つまり、旧約聖書）についての多くの解き明かしやキリスト教的振る舞いについての指導を含み、明らかに教会で朗読されていたが、説教ではない。書簡は聖書全体の中でも最も深遠な神学の多くを含んではいるが、神学的な手引きとして書かれたのではない。教会全体の人々を読者として念頭に置いて書かれたのでもない。ある人々の現実の人間関係の中で、初代教会の最初の年月の、ある特定の状況で書かれたものである。

それゆえ、ほとんどの書簡は手紙らしく始まり〔「パウロ、ならびに、私と共にいるきょうだい一同から、ガラテヤの諸教会へ。……恵みと平和があなたがたにありますように」（ガラテヤ1・1―3）〕、手紙らしく終わっている〔「署名　パウロ」（Ⅱテサロニケ3・17参照）〕。これらの書簡は使信を伝え渡し、あいさつを他の人々に伝えるように依頼し、状況の当事者以外の人々にはどう理解したらよいかよくわからないような情報やコメントの断片を含んでいる。なぜこれらの書簡は、キリスト教徒が自分たちの聖典を編纂したときに含めたほどに重要なのだろうか。

答えは、これらは単に友達と連絡を取り続けるための手段であるとか誰かが別の誰かに頼みごとをしているというだけのものではなかった、ということだ。これらは、初期の教会生活の中で生じがちな信仰や行動についての問いについて明晰な頭脳をもってなされた思考を表したものなのだ。少なくともそのいくらかは、手紙の受け取り手であった教会の礼拝で、説教のように朗読された。時に、書簡は最初にキリスト教の信仰について長い紙面を割いて語った後、話題を変えて振る舞いの問題について述べている。また、これらの二つの関心事が全体を通して織り込まれている手紙もある。信仰内容についての教えと、行動についての教えの結合が特徴的であり、それは、旧約聖書の契約がそうであったのと同様である。信仰内容と行動は、当然密接に結びついていると考えられている。

神学や倫理や教会運営を論じている時でさえ、やはり書簡は特定の状況に根を持っている。書簡は、神学的手引きやキリスト教の真理の体系的解き明かしではなく、特定の要請に対する一連の応答なのである。これは、コリントの信徒への手紙一のような手紙に最も明らかである。そこで、パウロはコリントの人々が彼に尋ねた問いや彼が受け取った彼らについての知らせにはっきりと言及している。彼は性道徳についての指示を与えているが、それは彼らが彼にある質問をしたからである。彼は礼拝がどうすればうまくいくか説明しているが、それは彼が、彼らの礼拝がうまくいっていないと聞いたからである。

これらの書簡の神学がそれが書かれた状況に応じた性格を持っていることは、扱われている主題にだけではなく、要点の表現方法にも表れている。書簡の神学は、抽象的で理論的なものではない。「真理の性格」〔エミール・ブルンナー〕とか、「存在の根底」〔パウル・ティリッヒ〕とか、「一つの実体に二つの本性」などという用語ではあまり語らない。特徴的には、絵画的な言語を用いて表現する。

この絵画的言語は、キリストが私たちのために死んだことの意味を解き明かそうとする際に特に重要である。キリスト教徒であるということは、自分が罪人であるときに無実と宣言されるようなもの、奴隷である代わりに自由の身とされるようなもの、偉大な王の面前に出ることを許されるようなもの、恨みを抱かれて当然の相手に受け入れられるようなものである。義認（justification）、贖い（redemption）、贖罪（atonement）などという偉大な神学用語は、一世紀の世界でキリスト教を信じていた人と信じていなかった人との両方の日常生活に起源を持っている。

　よってこれらの手紙が重要な理由は、内容にある。しかし、第二の、これと関連した理由は、これらの著者である。というのも、これらは使徒たちの教えを具体的に表しているからである。ヘブライ人への手紙を除いて、これらの手紙は使徒や、その他の、（イエスの兄弟ヤコブのように）イエスを直接知っていて経験したことから語ることのできた人の名前を冠している。これらの手紙は、後代の最も深遠な神学よりも強い権威を教会で持っていた。なぜなら、これらは、教会がイエスの意味をどう理解していたかを、イエスとイエスに近い時代に生きた人々から受け継ぎ伝えているからである。

　確かに、著者について疑いが持たれている手紙も多い。たとえば、ペトロの手紙二はペトロではなく、後代の、ペトロが今ここにいたならこう言ったであろうことを表現したいと考えた人によって書かれたのだろうとの示唆もある。このような説はありそうにないように思えるかもしれないが、誤りであるとも証明できない。しかし、これが正しいと証明することもできないのであり、もしこれらが手紙の最初に書かれている名前の持ち主以外の誰かによって書かれたとしても、これらの手紙の内容は有効なのである。ヘブライ人への手紙の例が示すように、教会は、すべての手紙がほかでもなく使徒たちによって書かれたということに固執しようとはしていなかった。

パウロの生涯と手紙

一つの可能性として、おおよそ以下のような年代が考えられる。

三五年　イエスがパウロに顕れる（使徒9章）。
四六—四七年　パウロの第一回宣教旅行（使徒13—14章）。アンティオキアからキプロスを経てトルコへ行って戻る。
四八—五一年　パウロの第二回宣教旅行（使徒15—18章）、アンティオキアからトルコとギリシアを経てコリントへ（ここでテサロニケの信徒への手紙一、二が書かれた）、そしてエフェソ、カイサリアを経て、エルサレムに戻る。
五三—五八年　パウロの第三回宣教旅行（使徒18—21章）。アンティオキアからトルコを経てエフェソとギリシアへ（この旅の間に、ガラテヤの信徒への手紙、コリントの信徒への手紙一、二、ローマの信徒への手紙、テモテへの手紙一、テトスへの手紙が書かれた）〔そしてミレトスを経由してエルサレムに戻る〕。
五九—六三年　パウロのカイサリアとローマでの監禁（使徒24—28章）。（エフェソの信徒への手紙、フィリピの信徒への手紙、コロサイの信徒への手紙、フィレモンへの手紙、テモテへの手紙二が獄中で書かれた）。

ローマの信徒への手紙はパウロの手紙の中で最も長く、最も体系だっている。この手紙には、彼の福音理解の概要がローマ帝国の首都の教会のために書かれており、パウロはこの教会への訪問を、異邦人世界の果てまで福音を広めてゆくという召命を成就するための、スペインへの旅の途中に実現できると望んでいた（ローマ15・23―24）。彼はローマの教会の創設者ではなかったので（彼が手紙を書いた他の多くの教会の創設者だったのとは異なり）、自分が他の教会に対するのと同じようにはローマの教会との関係で権威を持っているとは思っていなかった。同様に、彼にはローマの状況を細部にわたって把握しておく理由もなく、ローマの教会を叱責する理由もほとんどなかった。

パウロの福音は、最初のあいさつに続く二つの文に要約されている。「福音は、ユダヤ人をはじめ、ギリシア人にも、信じる者すべてに救いをもたらす神の力です。神の義が、福音の内に、真実により信仰へと啓示されているからです」。（ローマ1・16―17）。そしてこの福音はさらに、人間が意図的に悪事にふけり、それはトーラーでさえも正すことができないことを暴露してゆくことによってより詳細に明らかにされる（ローマ1・18―3・20）。正すことができるのは神だけである。神はイエスを、私たちのために死ぬように遣わすことによって、私たちが人間の性質になってしまっている悪行による支配から解放され、神との正しい関係のうちに新しく生きることができるようにしてくれたのである（ローマ3・21―8・39）。このことがユダヤ人〔イスラエル〕の地位を損なうと見えないように、パウロは神が依然として彼らに深く関与していることを説明する（ローマ9・1―11・36）。次に、彼は読者に、いかに信徒は神の愛に応えて神に献身するように招かれているかを思い出させ、献身の仕方を項目を挙げてさまざまに示す（ローマ12・1―15・13）。そして、さらに細かく自分の計画を述べ長いあいさつで結んでいる。

コリントの信徒への手紙一は、ローマの信徒への手紙とほとんど同じくらい長いが、雰囲気は非常に異なっている。この教会はパウロが創設し、手紙をやり取りし、教会から個々の知らせも受けていた。次から次へと、彼は聞いたことに愕然とする。彼らの神学を見ても、私生活を見ても、パウロは非常に憂慮せざるをえなかった。彼をより愕然とさせたことに、彼の眼には、彼らのそうした振る舞いが、自分たちの霊的成熟度についての無邪気な過大評価を伴っているように見えた。彼が書いてくれてよかったと私たちが思う段落のいくつかは、こうした突飛な行動に対処するために書かれた――主の晩餐（聖餐、聖体拝領）の起源についての説明、「愛の賛歌」、そして、イエスの復活の事実性と重要性についてなどである（Iコリント11章、13章、15章）。

コリントの信徒が起こした問題の背後には、初期の教会にくりかえし現れる危険な、信仰の性質を捻じ曲げる根本的に誤ったいくつかの態度がある。その一つは、肉体に対する否定的な態度――真に重要なのは魂だけだとの信念である。もしそうであれば、信徒は外面的にどのように振る舞おうと問題ではなくなる――彼らの魂は影響を受けない。しかし事実は全く反対で、パウロが知っているように、イエスは肉体を持って到来したのであり、それゆえ人が体を使って行なうことは自分の全人格に影響を及ぼす。パウロが対決している見方は、グノーシス主義と呼ばれるようになったものの一つの側面である（以下、コロサイの信徒への手紙についての段落を参照）。

パウロは時に、些細な外面的問いに潜在する根本的問いを察知し、彼の取り組みはコリントの人々が持ち出した問題に単に権威的な答えを与えるだけではなく、問いに含まれる問題の核心に読者を連れてゆき、当該の状況を見るために必要な視点を与えてくれるキリスト教の根本的真理を説明する。たとえば、十字架の言葉〔Iコリント1・18以下〕、神の霊が彼らの中に住んでいるという事実〔Iコリント6・19〕、自分の権利よりも兄弟姉妹のことを配慮しなさいという召命〔Iコリント10・32―33〕、愛の重要性〔Iコリント13・1―13〕、復活の事実性〔Iコリント15・1―56〕などである。

コリントの信徒への手紙二は、これが聖書にある二通のコリントの教会への手紙のうち後に書かれた方なので、この名で呼ばれる。しかし、これらの手紙で言及されていることは、教会がこれらのようには保存しておかなかった他の手紙があったことを示唆している。コリントの信徒への手紙二は、パウロがコリントの教会に書いた少なくとも三通目か、四通目の手紙である。ここでわかるのは、パウロが以前と変わらず同じ厄介な会衆を扱っているが、方法を変えていることである。もし彼らがコリントの信徒への手紙一でなされたような率直な語り方に反抗したとすれば、それは驚くに当たらない。パウロが彼らに会いに行く計画を実行していないことは、彼らに、パウロは怒りの手紙を書くのはうまいが面と向かうと弱腰になり、使徒的権威があると主張するが使徒の資格に欠けている、と彼を非難する機会を与えていた。このため、パウロは自分の異なる側面を見せるのである。彼は、真の使徒の資格は十字架のしるしであり、このしるしをいかに彼が負っているかを説明する。パウロには彼の神秘体験があったが、キリスト教の経験の核心はキリストの十字架を背負うことである。そしてこの点において彼は絶望ではなく希望を見出す。十字架において、彼はキリストの慰めを見出し、十字架において、自分が弱いときに逆説的に真に強いのだと実証できるからである〔Ⅱコリント12章参照〕。

フィリピの信徒への手紙でも、キリスト教徒であることに伴う苦難のテーマは繰り返される。ここでパウロは生き長らえていることと死んでイエスと共にいられるようになることとの長所を入念に比較して、どちらの方がよいか測っている。フィリピの信徒への手紙は喜びにあふれた手紙である。苦難と喜びの結合はペテロの手紙一にもまた現れる。（新約聖書に入れられたヤコブやペトロやユダやヨハネの手紙は比較的数が少ないので、手紙の受取人ではなく書き手の名前がつけられている。しかしこれらの多くはパウロの手紙のように、特定の地域の教会に宛てて書かれている。苦難と喜びは、ヨハネの黙示録の主要なテーマの一つでもある〔本書第12章を参照〕。そして、私たちはこのテーマがくりかえし現れることで、牧師であることや、あるいは一人の普通の信徒であることでさえも、しばしば危険なことだったと思い出させられる。キリスト教は反動的な運動だった。ユダヤ教に対して（トーラーは終わったと示唆したので）反動的だった。ローマ帝国に対して（礼拝対象は神だけであるとして、皇帝崇拝を拒否したので）反動的だった。そのため、キリスト教徒は自分たちの信仰のゆえに代価を払わねばならなかった。

ガラテヤの信徒への手紙は、信徒たちの一部に見られた、福音の性質をむしばんでいるとパウロが見た態度について私たちに知らせてくれる。ユダヤ教出身の多くの信徒たちは、イエスを信じるようになった者はトーラーを守らなければならないと主張した。もしコリントの人々が私たち人間の外面的生活の重要性を過小評価していたとすれば、ガラテヤの人々はそれを過大評価していた。そこでパウロはガラテヤの人々に、彼がコリントの人々に対して言ったことと反対のことを言わなければならなかった。キリストとの彼らの関係はトーラーを守ることにはかかっていない――彼らはそれらすべてから解放されているのだ、と。

こうしてガラテヤの信徒への手紙では、人はいかにして神との関係において義とされるのか、すなわち義認の問題がローマの信徒への手紙以上に中心となっている。人々は至るところで目立った功績をあげることで他の人々に受け入れられ賞賛されようとしている。しかし実際は、私たちは決してそのような地位を確信するほどにはなれないようだ。ガラテヤの信徒への手紙とローマの信徒への手紙は、私たちはいずれにしろそうした地位を持てるのだ、と告げる。なぜなら、神は私たちの功績が何もなくても快く私たちを受け入れてくれるからだ。

パウロはガラテヤの信徒への手紙で、自分の使徒としての地位を擁護するために、自分の人生で起こったいくつかの鍵となる出来事を振り返って語っている。彼は、ユダヤ人としての自分の宗教的情熱、容赦なく教会を迫害したこと、イエスが彼に顕れ彼の人生をひっくり返してしまったことを語る。そして、そこから話を進めて、エルサレムを拠点とする宣教者たちとの関係について詳しく述べる――自分パウロがもともと彼らとは別個に宣教していたこと、彼らが自分を受け入れてくれたこと、彼らが間違っている時には彼らに立ち向かうこともいとわないことなどである。この手紙は、キリスト教という宗教運動の内で最初から続いていた激しい対立のいくらかをうかがわせる。それは特に、起源と背景を完全にユダヤ教の内に持つ宗教運動での異邦人の地位という極めて重要な問題をめぐる対立だった。

　エフェソの信徒への手紙とコロサイの信徒への手紙はテーマがかなり重なり、イエスが誰であり、何を成し遂げ、それが彼の民にとっていかなる意味を持つかについて、パウロの神学の最も成熟した洞察のいくつかを含んでいる。コロサイの信徒への手紙で、パウロは当時の他の諸宗教で信じられている事柄と対峙し、イエスへの信仰がそれらといかに異なり、いかにそれらより優れているかを示している。パウロが述べた意見から、コロサイの信徒たちも、割礼や食物の清浄規定、安息日や祝祭日を守ることなどのユダヤ教の習慣を受け入れるように促されていたことが察せられる。また、主流のユダヤ教以外で信じられていたことの問題もあった。天使礼拝（コロサイ2・18）やイエスの格下げの問題（そのために、パウロはイエスの至高の重要性を強調している〔コロサイ1・15―20〕）は、人間と神との間に階層をなして、多様な超自然的存在がいると信じられていたことを示唆する。この頃、グノーシス主義と呼ばれる宗教が発達しつつあった。グノーシス主義とは「知識‐主義」という意味で、人間は秘密の教義と「暗号」を知ることによって自分たちと神との間の敵対的存在を巧みに避けて、天の神に到達することができると示唆する。グノーシス主義者はイエスをこの枠組みで理解した。パウロは、これが根本的に間違っていると信じている。イエスの偉大さはグノーシス主義などではとても理解しきれない。しかも、福音は難解な秘密ではなく、神によって啓示された公の言葉なのだ。

　テサロニケの信徒への手紙〔一、二〕は、歴史の終わりと個人の終わりの問題を扱っている点で独特である。人々はイエスの来臨を待ち望むあまりに働くのをやめてしまうべきではない！　また、誰かが死んでしまったためにもう希望を持つ理由が特になくなったように思えても、悲しみに打ち負かされるべきでもない。テサロニケの信徒への手紙一は新約聖書のパウロの手紙の中では最も早くに書かれたらしく、イエスが来臨した時に起こる出来事を明確に定式化された描写で表していることで注目に値する。

その他の手紙

イエスの来臨の希望は、ペトロの手紙二やユダの手紙など、後期の手紙の最も重要な関心事になっている。どちらも、イエスの来臨の出来事は誤った信仰への裁きの瞬間になると強調し、ペトロの手紙二は、来臨が遅れているように見えるからと言って、キリスト教の信仰を公に表明し続けることを怠ってはならないと警告している。

ヘブライ人への手紙は（一言二言のあいさつで締めくくられているが）手紙というよりむしろ説教に近い。誰が書いたのかはわかっていない。この手紙は読者に、キリスト教徒としての召命をもっと真剣に受け取るように、そして、教会は揺るぎない巡礼の生活に召されていることを理解するように訴えかけている。彼らは揺らがず、忍耐強くなければならない。「ヘブライ人への手紙」という題は、この手紙のユダヤ教的関心を反映している。これはユダヤ人の宗教のさまざまな特徴に対して、イエスの優位性を強調する。たとえば、モーセの重要性、シナイ山での啓示、荒れ野の聖所とそこでの犠牲奉献などは、それぞれ旧約の当時にはそれらなりに良かったが、あらゆる点でイエスはそれらが果たしたのと同じ機能を果たし、しかもそれらが達成できたことをはるかに凌駕している。ヘブライ人への手紙は、著者が取り上げたいテーマについて旧約聖書のいくつかの箇所を取り上げ、その旧約の箇所に基づいてキリスト教の教えを説教するという論法で論点を述べている。

　ヤコブの手紙はもう一通の説教のような手紙で、別の意味ではあるが、もう一つのユダヤ教文書である。明白にキリスト教的なことはほとんど書かれていない。もしヤコブの手紙1章1節と2章1節にあるイエスについての言及がなければ、これはごく普通のユダヤ教の説教でもありうる。ヤコブの手紙の関心はガラテヤの信徒への手紙の逆である。ガラテヤの信徒たちはキリスト教徒が律法に従うべきことを強調しすぎる傾向があったが、ヤコブの聴衆はこれを軽視しすぎた。ガラテヤの信徒への手紙のパウロは（またローマの信徒への手紙でも）このように言う。「あなたがたが神によって義とされているのは、あなたがたが神に従って生きているからではなく、ただキリストを信頼しているゆえである」（そしてそれに加えて、「その点を明らかにする例としては、アブラハムを見さえすればよい」と言う）〔ガラテヤ3章、ローマ3章以下参照〕。ヤコブは反対のことを言わねばならない。「あなたがたが神によって義とされているのはキリストを信頼しているからだけではない。あなたがたはキリストに従って生きていなければならない」（そしてそれに加えて、「その点を明らかにする例としては、アブラハムを見さえすればよい」と言う）。両者は、異なる二つの誤りと対決するために異なる点を強調しているのである。そのためにヤコブは、読者が自ら公言している信仰にふさわしい生き方をするよう促すことに力を注いでいる。

　ヨハネの手紙一、二には、「光」と「命」と「愛」への言及が多く、ヨハネ福音書と同じ雰囲気がある。しかし、福音書が書かれたのは、人々が「イエスは神の子メシアであると信じるためであり、また、信じて、イエスの名によって命を得るため」（ヨハネ20・31）であるのに対して、手紙は人々に

「永遠の命を持っていることを知ってほしい」（Iヨハネ5・13）がために――つまり、彼らが信徒としての自分たちの立場を確信するために――書かれた。ヨハネは自分の読者に、彼らが自分たちの生き方を試し、自分たちが真にイエスに属しているかどうかを見ることのできる道を示している。

テモテへの手紙（一、二）、テトスへの手紙、フィレモンへの手紙とヨハネの手紙三は、より個人的である。フィレモンへの手紙は唯一、真の私信で、逃亡奴隷に対する慈悲を求めている。しかしこの手紙でさえもパウロの宣教の一部であり、彼は使徒として彼の霊的兄弟フィレモンと、霊的息子オネシモの関係を気にかけている。他の三通は教会の指導者たちに向けて、彼らの職務を全うする仕方について書かれている。これらは重要なこととして、教会に安定した職務遂行体制を確立すること、教会が聖書（旧約聖書）を堅持すること、イエスについての真実、そして、偽りの信仰に対する防御を強調している。

第11章　賢者たちの助言——箴言、雅歌

ここまでで見てきた書はほとんどすべて、明瞭にイスラエル的である。神と神の民の物語は最初と最後では、イスラエルの神が全世界の神でもあることを強調しているが、それでもやはりイスラエルの物語である。トーラーはイスラエルの民によって守られるべき生活の規則であり、異邦人には拘束力を持たない。預言者たちは周辺諸国のことを語っている時でさえも、イスラエルに語りかけている。

それに対し、箴言の助言と雅歌の詩は、出エジプトや神殿建築などのようなイスラエルの歴史上の大きな出来事に言及しているわけではなく、はっきりとイスラエル的な性格はほとんどない。これらの関心は普通の人々の日常生活にある。ここに洞察を表した識者、あるいは賢者たちは、人生とはどのようなものなのかを目を見開いて理解しようと努めることを自分たちの課題としている。そして、彼らは私たちにこう言う。「人生とはこのように機能するものだ。もしあなたが幸福な成功者になりたければ、人生のこれらの事実と折り合って生きてゆくことだ」。

箴　言

箴言では、ほとんどの助言は一節だけの短い格言（厳密な意味での「箴言」）からなる。これらは箴言10―31章に、テーマごとの配列などはほとんどかまわずにまとめられている。これらは時に散文的で地に足の着いた助言を与えるが、しばしば、思わずほほ笑みたくなるような印象的な比喩表現もある。たとえば、「美しいが、たしなみのない女は、金の輪が豚の鼻にあるようだ」（箴言11・22〔新改訳〕）。「子を奪われた雌熊と出くわすほうが／愚かな者が無知に出くわすよりもよい」（箴言17・12）。「怠け者は言う。『路地には獅子がいる。広場で私は殺される』と」（箴言22・13）というようなものだ。

しかし、この書の格言は生活や割に合う振る舞いについての所見にばかり関心があるわけではない。正しい振る舞いにも関心が持たれており、そのような振る舞いは割に合う振る舞いと同じだと考えられている。実際、それらの道徳的忠告と類似した規則がトーラーにもある。たとえば、「昔からの地境を移すな。それは先祖が定めたものだ」（箴言22・28、申命27・17〔「隣人の地境を移す者は呪われる」参照〕）などである。

賢者の格言と祭司の規則の類似から、これらは共通の背景を持つと思われる。どちらも家訓の部類に精通しており、これらがイスラエルの祖先たちの部族生活の中で親たちが与えた教えの主題だったと想像できる。これらの教えが、イスラエルの民に二つの道筋で、すなわち祭司経由と賢者経由で伝えられたのだ。

地境についての格言にはもう一つ重要な点がある。これは、「三〇の賢い格言」〔箴言22・17―24・34〕と呼ばれる格言の一つで、あるエジプトの文書〔前一一―一〇世紀のファラオ・アメンエムオペトの教訓〕にかなりの部分一致する文章が見出される。イスラエルのあらゆる著述家の中で、賢者たちは最も偏見なく、他の民族から学んでいる。明らかに、他の諸民族はイスラエルの物語を書くことはできなかったが、人生について自分たちの所見を書くことはできたし、イスラエルの教師たちはいとわずそこから益を得たのである。

賢者たちの格言に表されている、第三の種類の学識と助言がある。彼らは分別のあることや正しいことについての助言を与えるだけではなく、神にかかわることについても語っている。人生がどのようであり、どのようであるべきかについてできる限りすべてを把握しようとしているが、完全な全体像はどうしても彼らには理解できないと気づいている。人生にはやはり謎が残るからである。できる限りのことをしたとしても、私たちはやはり神に依存している。「人は戦いの日のために馬を備える。しかし勝利は主による」〔箴言21・31〕。「幻がなければ民はちりぢりになる。教えを守る者は幸いである」〔箴言29・18〕。ここでは箴言の関心はイスラエルの人々が自分たちの生活に神が関与していることを考慮に入れ、神を信頼し、神の意思の要求に注意を払うようになることを目指す、預言者たちの関心に近い。

箴言が神を持ち出すのは、人間の経験の中心から遠く外れたところで神秘に行きついたときだけだと示唆するなら、それは誤解を招く。この書の関心は世俗生活にあるが、世俗的な取り組み方はしていない。それどころか、神への信仰がその教えのすべての根底をなしている。箴言は世界を吟味しているが、世界は神のものであると信じている――世界は神の精神を反映している。神の創造の業の結果このような世界ができたのである。

この点は箴言８章22―31節で明らかに示されている。ここで神自身の知恵が語り、神の創造の業の中で建築家として果たす自分の役割を説明している（あるいはむしろ、彼女の役割と言おうか――箴言では知恵は女性として擬人化されている）。

この段落のように、箴言の冒頭の数章のいくつかの部分（箴言１―９章）は、箴言10―31章に特徴的な一節ごとの対句表現よりも長い単位で書かれている。これら最初の数章はまた、興味の範囲も比較的狭い。主なテーマが二つ、くりかえし現れている。一つは、知恵を真剣に受け取るようにとの再三の促しである。箴言８章は、知恵が注意を喚起して招いている様を体系的に述べている。もう一つはよその女たちとのもつれた関係を避けよという勧告の繰り返しである。この第二のテーマは額面通りの意味で理解してもよくわかるが、なぜこれほど特別に取り上げられているのだろうか。預言者たちの場合、性的不実さはしばしば、イスラエルが神に献身できていないことを表す表現法になっているが、ここ箴言でも性的不実さに対する警告は、ヤハウェに献身し続けるように促す勧告を含意する。これは助言や分別に忠実に従うように促すことでもあり、このことによって箴言１―９章の主要な二つのテーマが結びつけられている。ヤハウェの教えは良い分別なのである。若者はその他のところに注意をそらされないように促されているのである。

雅　歌

このように、神への信実さや不実さは人間の伴侶に対する信実や不実を表す言葉で語られうる。旧約聖書ではホセアがこの点を彼自身の結婚の経験によって明らかにしており、新約聖書ではパウロが、キリストとその「妻」である教会の関係（エフェソ5・21―33）を語るイメージに、結婚を用いている。

ユダヤ人とキリスト教徒の多くは、雅歌にある愛の詩を、神とその民の間に存在する愛の関係を思い出させるものとして大切にしてきた。しかしこれらの詩自体は愛の詩であり、恋人の美しさや愛し合う経験に夢中な気持ちを表している。これらは、創世記2章18―25節への長い注釈であると言われてきた。これらの詩は、男女間の補完的関係の起源を書き表し、また、人々が生涯続く相互関係に至る途上で経験したことや感情を言葉で表現することによって、神によって創造された絆を掘り下げて考察している。

「雅歌」（Song of Songs［雅歌1・1］）とは、「歌の中でも最も美しい歌」という意味である。これは、「至聖所」（Holy of Holies）が「最も聖なる場所」という意味であることや、「主の主」（Lord of lords）が「至高の主」の意味であるのと同様である。

第12章　予見者たちの幻――ダニエル書、ヨハネの黙示録

預言の書と、ダニエル書やヨハネの黙示録との間にはつながりがある。ダニエルは一人の預言者とも言える（マタイ24・15）。そして、ヨハネの黙示録は自らを預言の言葉と呼んでいる（黙示録1・3）。しかしそれでも、ダニエル書とヨハネの黙示録は預言者たちの書とは（そして旧約聖書や新約聖書の他の部分とも）非常に異なっているので、他の書と分けて考察するに値する。これら二つの書に独特の特徴は、この二つの書の接点でもある。

そうした顕著な特徴は二種類ある。一つは、二つの書の著者たちが自らを表現する仕方である。彼らの教えは圧倒的に幻の報告という形をとり、それは、彼らが自分たちの教えを直接神から受け取ったものだと主張していることを示唆する。聖書の時代以来、多くの信徒が、そして、キリスト教徒ではない多くの人たちも、幻視体験をしたと主張してきた。そして、これらのすべてが想像力過多の産物であるという理由は何もない。今日では、科学者たちは心霊現象ないし超感覚的現象についてかつてほど否定的な傾向にはなくなっており、個別の事例をそれぞれの価値に応じて見る必要がある。預言者や使徒たちも彼らの見た幻を語っている（たとえば、ゼカリヤや、コリントの信徒への手紙二12章のパウロなど）。しかしそれらの箇所でのこの種の経験はダニエル書やヨハネの黙示録での幻ほど特出

していない。

これらの幻の中では、単純明快な描き方で表現されているものはほとんどない。ダニエルの時代以降の歴史は、暗号や象徴で表されている。ヨハネの黙示録は天を、玉座や、中心にいる小羊、神殿と祭壇と礼拝者などで描き、これから来る大惨事を、海から上ってくる獣や疫病を注ぎ出す鉢などの表象で描いている。どこまでが文字通りの描写でどこからが象徴表現なのか、また、その象徴が何を表しているのかが難解な箇所も頻繁にある。ヨハネの黙示録が獣や、キリストによる一〇〇〇年の統治で何を意味するのかは理解しがたく、そのため、その正しい解釈をめぐって多くの異なる学説が形成されてきた。

ダニエル書とヨハネの黙示録の幻の二種類めの顕著な特徴は、それらの実際の信仰内容と教えにある。どちらも世界や歴史については暗い見方をしている。預言者たちは当然のように、神が歴史の中で働いており、王たちや諸国の決断を用いて自分の目的を成就すると考えていた。神の民は神に従順であれば成功するし、不従順であれば苦境に陥る、と考えた。しかしダニエル書やヨハネの黙示録の幻が関係する時代には、歴史はそのようにうまくいってはいなかった。ダニエル書はマカバイ時代（前二世紀）に関係しているが、この時代は、ユダヤの民が特にひどい罪を犯していないにもかかわらず、セレウコス朝の王アンティオコス・エピファネスに迫害され、ヤハウェに対するしかるべき礼拝さえも阻まれた。ヨハネの黙示録は紀元一世紀の終わり頃、ローマ帝国で迫害された信徒の苦境の問題に答えようとしている。どちらの時代にも歴史は神の目的に反して動いているように見え、これら二書の著者たちはこの世界が悪の諸力に支配されていると見ている。彼らは、神は究極的には支配力を持っているが、現時点では神は悪にしたいようにさせていると考えている。けれども、彼らは、悪の日々はもう長くは続かず、神が自分の民の正しさを証明し、自分の支配を確立する日が来るであろうと思っている。

このような背景と見方の結果、ダニエル書とヨハネの黙示録は預言者たちの特徴となっているような道徳的生き方への訴えかけはしていない。預言者たちは、人々の振る舞い方と世界の行く末とはつながっていると信じている。ダニエル書とヨハネの黙示録は、自分たちの時代には物事はそのようにはなっていないと見ていた。そして、それゆえ、これらの書では預言者たちの書のようには緊急性をもって、悔い改めと神の道徳的意思への献身を要求することはされていない。一方で、これらは、危機的状況に圧迫されようとも、個々の人々が神への信実を保持するように強い訴えを発信している。ダニエル書は、物語によってこのことを強調しており、ヨハネの黙示録は「勝利を得る者」〔黙示録2・7、11、17、26、28、3・5、12、21、21・7〕への数々の約束によって強調している。

ダニエル書とヨハネの黙示録では、超自然世界の特徴が聖書の他の書よりもはっきりと描かれている。悪の諸力のことが言われているだけではなく、天使や諸霊への言及も多い。この特徴は、ある程度、神の偉大さへの特別な認識を反映しているかもしれない。もし神がそれほど絶対的に高きところにいるのであれば、神が世界で行為する仲介としての天使のような存在への関心も高まるだろう。

ダニエル書とヨハネの黙示録の幻は、何に言及しているのだろうか。大きく分けて二つの見方が挙げられるであろう。一つは、幻を見た者が書き表しているのは見者の時代より何世紀も（二〇〇〇年もかもしれない）後に起こる、世界の終わりに至るまでの出来事であるとの見方である。そうであれば、ダニエルは捕囚時代に生きているが、それ以降マカバイに至るまでの何世紀もの間に起こることを宣言し、それを超えてイエスの到来と再臨までをも見ていることになる。そしてヨハネの黙示録は、イエスの来臨から彼の再臨と世界の終わりまでの間の時代の歴史の概略を書き表していることになる。

第二の見方は、著者が自分たち自身の時代の人々に伝えたい言葉を書いているという見方である。たとえばダニエル書の著者はマカバイ時代に生きている。捕囚期以降の歴史を、あたかも未来を予告するかのように書き表しているのは、一つの劇的手法である。それによって彼は、歴史は神に支配された道をうまく進んでいると示唆することで、神が確かに彼らの運命を支配しているのだと同世代の人々に請け合っている。同様に、ヨハネの黙示録では、ヨハネははるか未来のことではなく、終始、現在の危機を書き表しており、神が支配していて神自身の目的にかなった終わりを成就すると宣言している。

私の考えでは、第二の見方の方が合理的で納得でき、聖書の他の箇所の語り方と一貫性が高い。

ダニエル書

ダニエル書の幻は、ダニエル自身の時代である捕囚期で始まる。この時代には、ネブカドネツァルとバビロニア人がユダの民の運命を支配していた。それに続く幻はマカバイ期で、アンティオコス・エピファネスとセレウコス朝の人々がパレスチナを支配していた（本書第1章を参照）。ダニエル書の幻の詳細は異様で謎解きのようであるが、主旨は明らかだ。どの幻も、アンティオコスの迫害で恐ろ

	2章	7章	8章	9章	10-12章
バビロニア人	金	獅子／鷲	—	7年が7回	—
メディア人とペルシア人	銀、続いて青銅	熊、続いて豹	2本の角のある雄羊		5人の王
ギリシア人 (a) アレクサンドロスの帝国	鉄	角のある獣	際立った角のある雄山羊	62年が7回	ギリシアの力強い王
(b) アレクサンドロスの帝国の分割	鉄と陶土の足	10本の角	4本の角		王国の分割エジプトとシリアの戦争
(c) アンティオコス		小さな角	小さな角	恐怖の3年半〔7：25〕	シリアの王の死
神の行為 (a) 破壊	石が鉄と陶土の足を打つ	獣が殺される	最後の王が滅ぼされる	恐怖の終わり	
(b) 新しい行為	石が山になる	人の子のような者に帝国が与えられる		イスラエル人が救われ死者が復活する〔12章〕	

表12.1　ダニエルの夢を理解する鍵となる重要なモチーフ

しい危機に瀕した神の民に語っている。そして、そのような危機も含めて、歴史の出来事は神の支配の下にあると宣言している。これらの出来事は神によって予見されており、神を驚かせてはいない。神は、自分がこれらの危機をどれくらい長く続けさせておくか、そして、どのようにこれを終わらせるかを知っている（表12・1参照）。そして、ユダヤ人たちは実際、アンティオコスが去るのを見た。

　バビロンの皇帝ネブカドネツァルは、ペルシアのキュロス〔Ⅱ世〕や他の前六世紀の人物たちとともに、いくつかの幻との関係で名を挙げられている。アンティオコスは名指しでは書かれていないが、彼の行為は特に明らかにダニエル書11―12章で言及されている。この最後の幻は、ユダヤ人が自分たちの神を礼拝するのをやめさせようとするアンティオコスの試みに至るまでの、ギリシア時代の歴史の要約である。ただし、人物の名は告げられておらず、ただ「シリアの王」（聖書協会共同訳では「北の王」）、「エジプトの王」（同「南の王」）などと書かれている。そうして幻は、神がこの「苦難の時」（ダニエル12・1）に介入し、裁きと復活をもたらすであろうと約束する。三年半（七は象徴的完全数で、この数字はその半分を表す）が、その解放の前に費やされるであろう。つまり、迫害の時の長さは限られており、神の支配のうちにあるのだ。

同様の計算が、その前の、ダニエルが自分の民のためにささげた告白の祈りの後に見た幻（ダニエル9章）にもある。神殿の犠牲は七の七〇倍の期間（およそ捕囚からマカバイ時代までに当たる）の最後の三年半、侵略者の王によって差し止められる。しかしその後、侵略者は始末される。

アンティオコスによって引き起こされたエルサレムのこの危機は、ダニエル書8章の幻で描かれている。そこでは、主人公たちはさまざまな角を持った雄羊で表されている。ここでは、迫害の期間は一一五〇日――ここでも、三年をやや超える期間――である。この幻も、苦しみが超自然的に終わらせられると約束している。

最初の二つの幻（ダニエル2章、7章）は互いに似ている。これらは新バビロニア帝国をはじめとして次々と続いて興る四つの帝国を象徴によって表す。しかし、特に注目されるのは第四の帝国で、それは少なくともダニエル書7章では（他の幻との対応から判断するに）やはりアンティオコスによって支配されている帝国〔セレウコス朝〕である。またもや、この帝国は三年半ののち、奇跡的に絶やされる（ダニエル７・26）。ダニエル書７章の幻には特に、「人の子のような者」（ダニエル７・13）が現れ、この者には第四の帝国が倒れた後に王権が与えられる。この者は神の民を表している（ダニエル７・27）。この象徴は、のちのユダヤ教文書の中で重要になり、イエス自身の称号として取り上げられている（たとえば、マルコ２・28。これはしばしば謎めいた「人の子」［Son of Man〔たとえばマルコ２・10、８・31、９・31およびマタイ、ルカの並行箇所〕］という表現で翻訳されている）。

ヨハネの黙示録

ヨハネの黙示録はアジア州（現代のトルコ）の七つの教会に向けて、彼らの信仰の信実を問いただし、真に神に献身している者たちに対する神自身の信実を約束する。その後、幻そのものが始まる。幻では最初に天の光景が描かれる。そこでは神が玉座について、天の礼拝者たちに囲まれていた。神は七つの封印で封じられた巻物を手に持ち、その巻物には神の支配の下にある歴史の筋書きが書いてある。しかし、誰がその巻物を開くことを許されるだろうか。「玉座およびそれを囲む四つの生き物と、長老たちとの間に」立っている「小羊」――「屠られたような姿で立っている」（黙示録５・６）小羊（イエス）が、封印を開くのにふさわしいと宣言され、隠されていたものが明らかにされ始める。しかし皮肉にも、それは明らかにされると同時に隠されているように思われる。というのも、書かれた内容を言うことはできるが、それが何を意味しているのか確信することははるかに難しいからである。

巻物は地上を襲う七つの災厄を語る〔黙示録4—7章〕。これらのうちの第一は、戦争など、人間によって引き起こされるものだが、それに続くものは、地震などの「自然」災害である。このように次から次へと災厄が告げられたのち、やっと安堵させられることに、かの小羊によって災厄から救われた膨大な数の人々が描かれる〔黙示録7章〕。第七の封印が開かれると、天使の吹くラッパの音を先ぶれとして、七つの「自然」災害の第二の連続が展開する〔黙示録8—11章〕。この連続は、私たち〔著者を含むキリスト教徒〕の主とそのメシアのものである世界が、大いなる力によって統べ治められて終わる。

最も奇異な幻がこれに続く〔黙示録12—14章〕。〔一人の女から〕生まれた赤子を食べてしまおうとしている竜と、海と地中から上ってくる奇怪な二頭の獣の光景である。獣たちは竜〔明らかに悪魔の象徴である〕のために、神と競って人間たちの忠誠を得ようとする。しかし、小羊と彼に従う一四万四〇〇〇人の者たちは屈せず、幻は、神は悪の諸力とそれに従う者たちを裁くであろうと約束する。ここでの幻の様相はダニエル書を思い出させるが、ヨハネ黙示録の幻はより詳細に展開されている。

物語はこれで終わりではない。ここで幻は七つの災いを描く。「これらの災いで、神の怒りが頂点に達するのである」〔黙示録15・1〕。さらに「自然」災害が起こり、獣に裁きをもたらす〔黙示録15章〕。これらの災いの後に読むことになるのは「大淫婦」〔黙示録17・1〕と呼ばれるバビロンの滅亡で、このバビロンは「地上の王たちを支配しているあの大きな都のこと」〔黙示録17・18〕と言われ、ローマを表している。神の民は彼女とかかわって自分を穢さないように訴えかけられている。そのためのさらなる励ましとして、ヨハネの黙示録ははるかに魅力的な数々の情景で閉じる。小羊の結婚の宴、獣の死、サタンの敗北、新しい天と新しい地が描かれて閉じるのである（黙示録21―22章）。

私の考えでは、この難解な書を読み通す際には、二つの原則を念頭に置いておく価値があるだろう。第一に、ヨハネの黙示録は、書かれた当時の人々に伝えようとする言葉を持っているということである。この書は、圧迫し迫害するローマ帝国（そして他の教会迫害者たちも）は、最終的には自分の意のままにはできず、神が決定権を持つのだと宣言している。幻に出てくる多くの特徴的形象はローマ帝国という背景に照らして理解する必要がある。

しかし、もう一つの原則は、ローマ帝国が何かそれよりも大きなものの象徴になっていることである。それはまさに、神と神の民の目的に反して主張された悪の諸力を具象化している。そこでこの書は、神はそのような自己主張する諸力に対処する主なのだと約束しており、それゆえ、この書の意義は一つの特定の歴史的状況を超えている。歴史は神によって支配されている。屠られた小羊は世界の運命を握っている。そうして最終的には、この書は神が最終的に神の「新しいエルサレム」をもたらす日を私たちに指し示す。この未来の幻は、神と小羊を礼拝する人々に霊感による啓示として与えられ、現在の苦難にもかかわらず信仰を貫くように励ましている。

この書の終わり近く、最後の数章のすぐ前にあるキリストの千年支配の幻は（黙示録20章）、来るべき大いなる祝福の時であり、通常、神の目的の最終的成就に先立つ時として考えられる「千年王国」の描写として重要な意義を持つと考えられてきた。聖書の中でこのような一〇〇〇年間のことが書かれているのはこの章だけであり、ヨハネの黙示録の象徴表現に特徴的なあいまいさのために、この一〇〇〇年が何を意味するかについては意見が分かれている。あまりこの章にばかり頼るのは賢明ではない。なぜなら、ここで与えられている表象がこの書の他の表象とどのような関係にあるものとして書かれたかは、確かにはわからないからである。

第4部　神へのイスラエルの民の応答

ある意味で聖書はその全体が、神が行なったこと、神が語ったことに対するイスラエルの応答である。しかし、その応答が表立って表現されている部分もある。詩編には、作者が神の性格や行動を思い巡らし、賛美と感謝をささげる詩編がある。また、祈願と抗議の詩編もある。それらは（哀歌とともに）、神がイスラエルに災いが降りかかるのを許しているように見えるときの、神への応答である。

しかし、旧約聖書の他の二つの書、コヘレトの言葉とヨブ記では、信仰の声ではなく疑いの声が支配的である。聖書にはそのように純粋に人間的な声が入れられており、神に問いを発する可能性も受け入れられている。

第13章　祈りと賛美――詩編、哀歌

キリスト教の賛美歌と同じように、詩編は賛美を詩によって表している。けれども、賛美歌と異なり、詩編は一行の音節の数が一定ではなく、脚韻も踏んでいない。詩編の一節はたいてい前半と後半に分かれていて、その各々が何らかの形で補完しあっている。同じことを異なる言葉で二回言ってい る場合もある。

さあ、主に向かって、喜び歌おう。救いの岩に喜びの声を上げよう。（詩編95・1）

あるいは、反対の二つのことを言うこともある。

ある者は戦車を、ある者は馬を誇る。しかし私たちは我らの神、主の名を誇る。（詩編20・8）

あるいは後半が前半をより明確に説明したり、より具体的に表したり、思索を深めたりして自然に前半を完成させることもある。

私は全き道に心を留めます。いつ私はそこに到達できるでしょうか。（詩編101・2〔原著からの翻訳〕）

I will study the way of the upright: when shall I reach it?

このように何らかの形で、詩節の一行が通常、思考の一つの単位になっている。各行の中には通常、一定の数の単語がある。英語の翻訳ではこのことは見えないが、それは、英語で複数の単語になるところがヘブライ語では一つの語につなげられるからである。ヘブライ語では、各行に三語あることが最も多く、それがどのようになっているのか、英訳でも重要な語を見ることで、しばしば見て取れる〔以下に並記する英訳は、ヘブライ語のまとまりに対応するように表記している〕。

さあ、主に向かって、喜び歌おう。救いの岩に喜びの声を上げよう。（詩編95・1）

Come, let's-shout to-Yahweh: let's-call-out to-the-rock who-delivers-us.

より祈りに満ちた詩編では、時に後半に二語しかないこともある。これは、韻律の変化と軽快さを与える効果がある。

主よ、私の言葉に耳を傾けてください。私のつぶやきを聞き分けてください。

私の叫びに心を向けてください。わが王、わが神よ。（詩編5・2—3）
Listen-to my-words, Yahweh: consider my-sighs.
Listen-to my-cry for-help: my-God and-king.

詩編の節は必ずしもこの例のようにきれいに整った形になっていないこともあり、しばしば一行の単語の数が多い。詩編がもともとどのように歌われていたのかはわかっていないが、私は詩編をラップ音楽のようなものと考える——リズムが取れている限り、一行の単語の数は異なっていてもよいのだ。

序文を伴って始まる詩編もある。多くはその詩編がどこから来ているのかを示す注で、たとえば、「コラの子の詩」（詩編44編など）は、コラの一族の賛美歌集の一つだった、などだ。その詩編の使い道や伴奏の楽器についての指示がついているものもある。これらの序文の多くは難解である。ダビデの人生の出来事に言及しているものもいくつかあるが、ほとんどの詩編はそれがいつ書かれたのか何もヒントがない。特定の詩編が書かれた歴史的状況については推測することはできるが、あくまでも推測にすぎない。一般的な意味では、いったん書かれた後に詩編がどのように用いられていたかについては、それよりも確実なことが言える。詩編という書は、イスラエルの賛美歌集であり祈禱書である。賛美歌と祈禱の書は〔キリスト教の〕教会でも最も親しまれているものだが、詩編は神殿の賛美歌である。

神殿はイスラエル人にとって——少なくともエルサレムに住んでいた人々にとっては——キリスト教徒にとっての教会以上に宗教的信仰の中心だった。神はイスラエルに、彼らは神殿で神の臨在を知るだろうと約束していた。この臨在はしばしば神の「名」がそこにあるとの言い方で表現された。イスラエル人は、神自身がその全体性において神殿に存在することはありえないと知っていた――天全体でさえも神を入れるには小さすぎるのに、人間が建てた建物にどうして神を入れることなどできるだろうか（列王上8・27）。しかし、イスラエル人は神の名を知っていた。もしあなたが誰かに名前で呼びかけるなら、それは、あなたがその人と良い関係にあるということだ。実際、名前は両親が自分たちの子どもに抱いた希望を何かしら表している。ヘブライ語の名前は、その人の性格や運命を表すこともある。「アダム」は土で作られた（ヘブライ語のアダマ［創世2・7］は「土」）。「アブラハム」は「多くの国民の父」（創世17・5参照）を示唆する。ソロモンの統治の特徴は平和と繁栄（シャローム［歴代上22・9参照］〔ソロモンとシャロームは両方ともヘブライ語で同じ文字で表記する関連語〕）だった。

イスラエルの神だけに特別な名はヤハウェだった。これは通常翻訳で用いられる「主」という意味ではない。これは神の個人的な名前であり、イスラエルに啓示された。この名も、いくつかの含意がある。これは「～になる」という動詞と似ている。ヤハウェという名は、そこに存在し、自己の臨在を感じさせる者（本書第3章を参照）を示唆する。イスラエルはそのように神の名を知り、神と人格的な名前を呼び合う関係にあり、神の性質を何かしら知っていた。人々が神の名を呼ぶとき、それは、神が臨在するとの認識を表していた。神殿はヤハウェの名が礼拝で宣言される場所だったので、神の臨在が知られる場所だった。こうして、神殿はイスラエルの霊的生活の中心だった。民としても個人としても、喜びの時も危機の時も（サムエル記や列王記や歴代誌が示すように）、彼らはここに来て賛美と祈りをささげた。詩編はこれらの賛美や祈りを集めた書なのだ。

預言者のメッセージのように、詩編は外面的にはさまざまな種類の形や様式を持ち、それぞれの種類の異なる詩編に共通することは何なのか、異なる種類は互いにどのように違っているのかを知っておくことは役に立つ。同一の種類の異なる詩編を比較すると、イスラエルの人々にとってこれらの例のすべてがどのような意味を持っていたかを理解しやすくなり、同時に、個々の例に特有の特徴は何なのかをよく味わうこともできるようになる。

異なる種類の詩編は神への異なる語りかけ方を例証する。人間が互いに対して発する、基本的な感情を表す叫び、たとえば、「どうかお願いします」、「助けてください」、「すみません」、「ありがとうございます」、「すばらしい」、「あなたを愛しています」などは、人々が神に言う基本的なことでもある。


どうかお願いします、助けてください、すみません

詩編はしばしば、人間の窮状を表現する。民全体が何かの国家的危機に瀕した時におそらく神殿に集まってささげた祈りの詩編もいくつかある。たとえば詩編74編は敵がもたらした荒廃の様子を述べ、何とかしてくれるように神に嘆願している。詩編60編も同様に、神がイスラエルの民の敗北を許したために地が引き裂かれたと言っている。しかし、この詩編の最後の方で「私」は言う。「誰が私を堅固な町に連れて行くのか。誰が私をエドムに導くのか」（詩編60・11）。おそらくここでは、イスラエ

ルの戦いを導く者として王が語っているのだろう。民の礼拝で王は特出した存在であり、国家的危機や国家的な喜びの機会には特にそうだった。

そのような危機や祝いの機会にただ「私」と一人称で語る他の多くの詩編を、同様に王によって、あるいは王に代わって語られたものと見るのは理にかなっている。そして、詩編3編、5編、25編のような詩編は国が圧迫されている時の国家の指導者の祈りの例である。

その他の「私」詩編には、指導者の祈りであるようなしるしはそれほど見られず、これらはおそらくむしろ普通の個々の人々が使用するために作られたと思われる。邪悪な人々に圧迫されている人の抗議や、病気の人が癒しを求める祈り、あるいは赦しを求める罪人の嘆願かもしれない。実際、これらの複数のモチーフが一つの詩編に編み込まれていることもある（たとえば、詩編38編、39編、41編）。

おそらく、そのような状況では、個々の人々はもしエルサレムに住んでいたなら、理想的には神殿に（おそらく家族や友人と共に）詣でて祈ったであろう。そして、これらのような詩編を用いたであろう。他の「私」詩編は全会衆で用いるためのものだったかもしれない。詩編以外の一つの例は哀歌3章である。これは一人称の「私」を用いているが、哀歌の中のほかの祈りと同様、エルサレムの崩壊の後に人々が用いるために書かれている。

これらの祈りは多様な状況を背景としているが、わりと頻繁に現れるいくつかの要素がある。

1　状況はこのようであり、私はこのように感じる。祈りの導入となる最初の神への呼びかけの後で、これらの祈りの支配的特徴（つまり、ほとんどの節を占めている特徴）はその人の窮状の描写であり、それは自分が被っている苦難や迫害に対する抗議の形をとっている。詩編はこの苦しみがいかなるものか、かなりの行を費やして語る。それは確かに、神に打ち明けて心の重荷を下ろす一つの方法だった（神はこの重荷を何とかすることのできるただ一人の方なのだから）。苦しみの経験は三つの視点から描写されている可能性がある。詩編は「彼ら／彼」、「私たち／私」、「あなた」を語る。そして、そのようにして他の人々が見せた言われのない敵意や欺きを語る。詩編作者自身が感じる孤独や圧迫を語る。そして、神がいかに自分の期待を裏切ったかを語るのである。

2　だから、あなたは私の祈りに応えてくださらなければ。詩編は通常、抗議で始まり、それでもやはり、神は困窮の中で祈るその人に応えてくれると神を信頼して、神だけが救いと回復をもたらすことができると信じ続ける。このような発言は、なぜ神が祈りに応えてくれるべきなのか、さらなる理由を挙げて訴えるものだが、ここにはまた、人々が自分自身を安心させ、現在の経験とは矛盾するように思われる信頼を強くしようとする声も聞こえる。詩編は神への信頼を告白するだけではなく、時に神に対する罪を告白していることもある。罪を認めることは、神の赦しと回復への道を開く。しかしそれよりもしばしば、人々は自分たちは過った振る舞いはしていない、自分たちに降りかかった不幸に値するとは言えないと抗議する。自分たちは神に信実だった。問題は、神が自分たちに対して信実でなかったことだ。そうしてまたもや、彼らは、自分たちの罪は神が信実でなくてもよい理由にはならないとして神に応答を迫る。明らかに、罪など犯していないという主張は横柄でありうる――そして、実際、これが、自分たちは過ったことは一度もしたことがないとの意味合いで言われているのであれば、横柄であろう。しかし、彼らが言っているのはむしろ、自分たちは今経験しているような苦しみに値するほどには、神への献身の約束を破るようなことはしていないということなのだ。

3　それで、私はこのことを願う。詩編の実際の祈願はその詩編全体の中では比較的短い部分になっている。実際、祈願の部分はあまり特定できない――特定の要求は列挙されていない。それは、「救い出してください」とか、単に「何とかしてください」といった言葉に要約されるかもしれない。あるいは、前の部分で説明された苦しみの諸相が祈願で取り上げられる。神に関しては、詩編は、神が顔を背けているかのようにするのをやめて、愛をもって僕《しもべ》の方を向いてくださいと祈る。敵に関しては、彼らが混乱するように、そして、今度は彼らの上に裁きが下されるようにと祈ることもある。個人に関しては、詩編は癒しや勝利や回復を願って祈ることもある。

4　神は私に応えてくれる！　多くの詩編は終わりの部分で調子が変わる。詩編は、あたかもすでに祈りが聞かれたかのように語り始める（たとえば、詩編28編の5節と6節の間の転調を見てほしい）。これは時に、単純に、神が祈りを聞いてくれた時の安堵、それゆえ、もう重荷は神が担ってくれているとの安堵を表す。しかし、詩編によってはこの時点で、嘆願者は祭司か預言者に、神は祈りを聞いてくれたので応えてくれると、言葉で請け合ってもらっている（詩編12編や60編に組み込まれている言葉を参照）。詩編は調子を変え、祈りが聞かれたとの安心に対して賛美で応答するのだ。困窮の中から始まった祈りの中に、しばしば、この賛美の調子が表れる。通常、これは詩編の結びになる。詩編は神が祈りに応えてくれることを待ち望むとともに、その救いを予期して賛美することで、祈りに応えてくれた神の恵みと力を公に認めることができる神殿に戻ることのできる特権や責任や喜びにも目を向けている。

哀歌

哀歌を構成する五つの詩は、前五八七年のエルサレム崩壊という、ある特定の災厄に由来しており、今見てきたような祈りの例である。どのように私が感じているかを記述し、これらの詩は、苦難と悲しみの経験がどのようなものであるかを私たちに見せる。それは、神が自ら守り、その神殿に住まうと言ってくれていた都の荒廃、イスラエルの敵の嘲笑、人々の零落（死んだ自分の赤子まで食べる女たち）、神自身から見捨てられたこと、神の怒りなどである。五つの詩は各々二二の単位から成る。二二は、ヘブライ語のアルファベットの数で、哀歌の1章から4章は節あるいは数節のまとまりがすべて異なるヘブライ文字で始まり、それぞれの節またはまとまりが、ヘブライ語の最初の文字から最後の文字で始まる悲しみの表現になっている。

それで、神が彼らの祈りに応えてくれるなどということがどうしてありえようか。哀歌は、苦しみが当然の報いだと認めている。人々は神に対して不実であった。そしてここで彼らは、自分たちに下された罰は当然の報いだと告白する。彼らは神に対して何も要求権を持たない。もし神が答えてくれるならば（哀歌はそれが大きな「もし」であることを認めている）、それは神の慈悲のおかげであり、彼らの権利によるのではない。彼らの唯一の望みは神の「慈しみは絶えることがない。その憐れみは尽きることがない」（哀歌3・22）ということにある。

彼らが求めるのは、「主が天から見下ろし、目を留めてくださる」（哀歌3・50）時である。「主よ、私たちを御もとに立ち帰らせてください。私たちは立ち帰りたいのです。私たちの日々を新たにし／昔のようにしてください」（哀歌5・21）。この嘆願と組になってくりかえし現れるのは、神が全き正義によって、自分たちを罰したように自分たちの敵も罰してくれるようにとの訴えである。

神は私に答えてくれるだろうという確信は、詩編にあるほどには確信をもって表現されてはいない。哀歌はやはり、神が実際に答えてくれると信じている（哀歌3・55―60参照）。しかし、哀歌の詩は断言よりもむしろこのように問いで終わる。「それとも、あなたは私たちをどこまでも退け／激しい怒りのうちにおられるのでしょうか」（哀歌5・22）。人々は、自分たちはこれ以上はっきりと救いの確証を望みうるには値しない、そして、神に答えてもらえるとのあまりに熱烈な確信は、彼らの罪の告白を偽りに見せるだろうと自覚している。

ありがとうございます、すばらしい、あなたはすばらしい、あなたを愛しています

ありがとうございます。詩編の祈りは、その先に感謝と賛美を見ている。それゆえ当然、神が祈りに応えてくれたことへの感謝を表す詩編もある。また、これらは神殿に属するが、これらが表現する感情は、もともと神殿で生まれたわけではない。詩編はヤハウェが行為した瞬間の、人間の自然な応答を形にしたものである。時に、この反応は旧約聖書の出来事の物語の中にたどることができる。神がイスラエルの祈りに応えて彼らを葦の海を通らせて導き、追ってきたエジプト軍から逃れさせた時、「アロンの姉である女預言者ミリアムがタンバリンを手に取ると、女たちも皆タンバリンを持ち、踊

りながら彼女に続いて出て来た。ミリアムは人々に応えて歌った。『主に向かって歌え。なんと偉大で、高くあられる方。主は馬と乗り手を海に投げ込まれた』」（出エジプト15・20―21）。

賛美は生活の中で始まる。しかし、祈りに答えてもらった人々は次に、神と神の民の前に出てそのことを話す。私的に感謝するだけでは十分ではないだろう。神は行った業に対して公に謝意を表明されるに値する。そして、詩編は喜んでこの感謝をささげるのである。抗議の中で、人々は、神が彼らの祈りに答えてくれるならば立ち帰って神を賛美すると約束し、今や、その通りに実行するのである。

感謝をささげることは本質的に、感謝しながらの回想であり、それにはいくつかの自然な要素が付随している。詩編はその人が陥っていた窮状――肉体的・精神的苦痛、死の恐怖そのもの、そして、神が不在で自分を無視していると感じる気持ちなど――を思い出している。その状況で、神に差し迫った嘆願をしたことを思い出している。そして喜びとともに、神がいかに詩編で祈った通りにしてくれたかを思い出している。顔を隠し、気にかけてくれないように感じられた神がその人の方を向いてくれた。そして、心身ともに健康を回復させてくれ、イスラエルの民の生活の特徴であるはずの喜びと賛美を元通りにしてくれた、と。しかし、祈願の場合に、神はこのように行為してくれるべきだ、というような気持ちはあまり語られず、むしろ神が何かすべき状況の事実の方が語られているのと同様に、感謝がささげられる時も、感謝の気持ちについてではなく、むしろその人が感謝を感じる事実についての方が語られている。

詩編作者はこの賛美をささげ続けることを約束する。それは、特定の祈りに神が応えてくれたことに対してだけではなく、神がしてくれたすべてのことに対して、そして、神が民のために存在してくれることに対してであり、それらのことすべてについて、詩編作者は神の恵みのこの最近の経験から確信を新たにして賛美するのである。

それはすばらしい。祈願が論理的に感謝につながるように、感謝は論理的に賛美の詩編につながる。違いは、賛美の詩編では最近の特定の喜びの経験ではなく、より恒久的な物事が念頭に置かれていることである。

時に、この賛美は間接的になされる。神は神に属するものや神が造ったもの、神が与えたものによって讃えられる。特に顕著に表れる一つのテーマは、創造主としての神の活動である。創造主としての神の主権は、歴史の中での神の主権（「神と神の民の物語」はこれに焦点を当てている）と人間の私的経験における神の主権（これについては、祈りや感謝が語る）の両方の背景にある。

詩編が喜び讃える創造は、単に神が世界を動かし始めたはるかな過去の出来事ではない。創造は神の現在の活動である。神は、混沌の諸力が再び世界の面に出てくる〔創世１・２参照〕ことのないようにしており、世界を安全に守っている。神が雨を降らせ、草が育つ。そうして神は人間や動物に食べ物を与えている。宇宙は神の栄光を世に宣言する。詩編19編は神の創造を喜ぶ詩編であるが、さらに加えて神の言葉に対して神を讃える調子がある。神の言葉に喚起される抒情的喜びはいくつかの詩編に表れているが、最も体系だって表されているのは詩編119編である。

詩編はまた、エルサレムとその神殿について喜ぶ。他の民族にも聖なる都市や聖なる丘、聖なる建築物はある。詩編は、エルサレムが世界の真の中心であることを知っている。なぜならこれは神が選んだ都だからだ。シオンの山は、地勢的には目立たない山であるが、真に神の山である。そこにある神殿は全能の神が真に住まう場所である。

そのように、神は神に対する直接の感謝によって讃えられるのではなく、神が創造した世界や、神が語る言葉や、神が住まう都について「すばらしい」と言うことによって賛美される。これらのものが何も神と無関係に喜びの対象にならない限り、すべてよし、なのである。

あなたはすばらしい。さらに神自身を喜ぶ詩編もある。これらは神の性質や神の行為を述べ、これらを根拠に神を賛美する。これらの詩編は、人々に賛美を呼びかけることから始まる。全世界は神にふさわしくなるためにこの賛美に加わるべきである。しかし、時に詩編はすべてのイスラエル人に訴えかけるだけで満足することもある。この招きあるいは訴えかけは、神の性質から発するその根拠によって裏づけられる。これらの根拠は短い一言に要約されることもある。神独特の行動領域において——たとえば、創造において、イスラエルを一つの民として確立した出エジプトのような歴史上の偉大な出来事において、また、人々の日常生活やイスラエルが直面した数々の状況で働いている神の摂理において——いかに神が自身を啓示したかを喜ぶことによって、増幅されることもある。

信条、祝福、約束、訴えかけ

詩編には圧倒的に祈願や賛美が多いが、他の側面もある。詩編は、神に献身する人々に神が与える守りと繁栄がいかなるものかを述べる祝福で始まる（詩編1編）。これは人々への訴えかけとなるが、訴えかける詩編はこれだけではない。たとえば詩編15編と24編は、神の前に出る人々が求められる道徳的性格の質を、礼拝者に思い出させる。詩編50編と82編はそれを思い出させるだけではなく、さらに進んで、不正義に対する神の裁きを宣言する。また、詩編作者自身の信条を宣言する詩編は詩編1編だけではない。たとえば、詩編37編は神の信実についての確信を語り、一方で、詩編49編は神は死からさえも救い出してくれるという確信を宣言する。

祝福の後には王に関しての約束があり（詩編2編）、ここで詩編の主要なテーマの一つが導入される。詩編の「私」はしばしば王の一人称である。ここで、王についての詩編の関心がはっきり表れている。神は王に深い関与を約束する。王は主なる神の業が世界で行なわれるための手段だからである。王の意義のさまざまな側面を語るいくつかの詩編がある。たとえば詩編72編は、王が正義をもたらす役割を成就できるように祈る。詩編89編はダビデに与えられた約束を思い出し、今、それを成就するように神に求めている。詩編45編は王の結婚に祝福を求めている。王のためのこれらの詩編はメシア的に解釈されるようになった――つまり、これらはいつの日か、イスラエルがここに表現されている王の神学を満たす一人の王を与えられるであろうという希望を表すようになったのだ。これらの詩編はこうして、新約聖書でイエスにあてはめられるようになる。しかし、これらはエルサレムの、当時実在していたダビデの血筋の王たちを念頭に書かれている。これらの詩編は彼らに、王の理想をかなえるだけの生き方をするように訴えかけ、そのように努めるならば、神が彼らのために深く関与してくれることを約束している。

第14章　懐疑と確信――コヘレトの言葉、ヨブ記

コヘレトの言葉とヨブ記を、箴言と異なる章で扱うのは多少恣意的である。これらの二書もまた、イスラエルの賢者たちによる人生への取り組みを形にしたものだからである。そして、これらもまた、教えとして意図されている――この意味では、これらは「神の民への神の言葉」に属する。しかし、これらは神についてに劣らず神に向かって語っている書であり、しかも、詩編での神を賛美する声とは非常に異なった強調点を持っている。確かに、詩編はしばしば神の不在を嘆いているが、コヘレトの言葉はかなり長々とあらゆるものの空《むな》しさを問い、その問いは（たとえば）詩編49編や詩編73編にも表れている。またヨブ記には、拡張された抗議の詩編を思わせる多くの特徴がある。

コヘレトの言葉

コヘレトの言葉は、聖書の中でも最も現代的な書と言われてきた。これは、今日の西洋社会の関心事の多くを取り上げている――自由、正義、快楽、成功、進歩、金銭、知識、野心、権力、性――そして、これらに実際何の価値があるのか、これらのことが人生を生きるに値するものにするのかを問

うている。答えははっきりと「否」である。要点はこの書の始まりで明白に表されている。この書はその主題を冒頭の数行で、「コヘレトは言う。空《くう》の空《くう》／空《くう》の空《くう》、一切は空《くう》である」〔コヘレト１・２〕と言い表しているからである。空がこの書のキーワードである。この語はまた、「息」も意味する――つまり、一吹きの風のように、実体のないものなのだ。

人生が空虚である根本的な理由は、死がそこに影を落としているからである。死は、私たちのあらゆる努力にもかかわらず、逃れようがない。死は、あまりにも不公平で、長く幸福に生きてしかるべき人々をその人生の盛りに断ち切ってしまう。死は予測不可能で、自分の終わりの日がいつ来るか人は決して知ることができず、それに備えることもできない。また何にもまして、死は不快である。コヘレトの言葉は（あるいは旧約聖書の他の部分も）、絶え間ない責め苦をもたらす地獄の火を死に見ているわけではない。死はただ、すべての良いものの終わりを意味していた。肉体は暗い岩穴の墓で身動きできないまま腐ってゆき、その人の人格は死の国、陰府《シェオル》で他の哀れな人々に加わる。死の国の特徴は、そこで私たちができないさまざまなことによってわかる。そこでは何も行なえず、何も感じられず、何も考えられず、知識もなく、知恵もなく、報いもなく、感謝もなく、希望もないと、コヘレトは言う（コヘレト９・５―６、10）。死について最も顕著なことはその退屈さに違いない。

それでは私たちは人生に対してどのような態度をとるべきか。コヘレトが退ける二つの態度がある。一つは、人間の状況の真実から逃げて何かの行動や達成事にふけること。これは現実逃避にすぎない。もう一つは、いわば絵に描いた餅のように現実味のない解決法で、死後はすべてが良くなるだろうとの期待にしがみつくことである。コヘレトは言う。「人の子らの運命と動物の運命は同じであり、これが死ねば、あれも死ぬ。両者にあるのは同じ息である。人が動物にまさるところはない。すべては空である。すべては同じ場所に行く。すべては塵から成り／すべては塵に帰る。人の子らの息が上へ昇り、動物の息が地に降ると誰が知るだろうか」（コヘレト3・19—21）。（イエスの復活に照らしてみれば、もちろん、言うべきことはもっとある）。

コヘレトは考えていないが、可能な応答はもう一つある。自殺をするのは理にかなっていないだろうか。直感的な答えは「否」だが、なぜ「否」なのだろうか。私は、コヘレトならば、私たちの命は神から贈り物として受けたものであり、それゆえ、私たちが命を拒絶したり、神に与えられた霊が神に帰る時を自分で決めたりはできないのだと答えるだろうと思う。この事実、つまり、命を与えるのは神であるという事実をコヘレトは確信し、それが、人生に対する彼自身の態度の基礎になっている。私たちは大きないろいろな問題を理解することはできない。私たちは努力してやり遂げたいと思っている偉業の数々を成し遂げることはできない。しかし、私たちが命を創造主自身から受けているという事実は残る。創造主自身は謎であり続けてはいても、食べ物、飲み物、仕事、人間関係などから自分が日々得ている満足は神の贈り物として受け取り、楽しむことができる。そうしたものは、それ自体が究極的な目的として扱われるべきではないが、「食べたり飲んだりして楽しめ。どうせ明日は死ぬのだから」〔Iコリント15・32参照〕などと、絶望や自暴自棄にむさぼり味わうべきものでもない。私たちは謙虚に、真剣に、それでいて楽しく、神が与えてくれたものとして受け取るべきものなのだ。私たちはただ、神が与えてくれなかったものについては、それがないことを受け入れなければならない。

ヨブ記

ヨブ記は何について書いているのだろうか。答えは明らかだ。ヨブ記は苦難の問題についての書で、この問題について多くのことを教えてくれる。しかし、なぜこの書は苦難の問題を論じているのだろうか。ヨブ記の真の関心は「私たちと神との間にはどのような関係があるのか、そして、これらの問題の答えに照らして私たちはいかにして私たちの人生を生き、苦難を抱えて生きてゆくのか」という問いである。この書が苦難の問題を論じているのは、ヨブの苦難がこの問題に関してヨブを一つのテストケースにしているからだ。ヨブはあなたに、苦難の問題への「答え」を与えてはくれない。

私たちは第11章で、イスラエルの賢者や識者は人生に対してどのような態度をとればうまくいくか、イスラエルを指導しようとしたことを見た。彼らは、正しい生き方とは分別のある生き方であり、神は人生を、道徳的に生きれば幸せにもなれ、成功もできる仕組みにしてくれている、と信じた。彼らが信じたことは、多くの場合正しいが、その通りにならないこともある。そのような例外の場合には、あなたはどのような態度をとるだろうか。

善意が報いられることが目に見えるようになっていれば、私たちは見返りを求めて善をなそうとする誘惑に陥り、私たちと神との関係は損得勘定の取り引きになってしまう。営利目的の関係は、それにふさわしい場がある。商売は、人々が何かを受ける見返りに別の何かを与えると合意することで成り立っている。そうした関係では、私たち自身の利益、自分がそこから得られるものを一番に考える。

しかし、私たちは、見返りを考えないで互いに与え合うような人格的関係においては、もっと深い、もっと人間的な何かがあることに気づいている――人々が、愛を拒絶されても愛し続ける時や、愛が「すべてを忍び、すべてを信じ、すべてを望み、すべてに耐える」（Ｉコリント13・7）ことを実証しているような時に。

私たちと神の間にはどのような関係が成り立つのだろうか。ヨブは、道徳性や協調性や信心深さが益を生むと実証した人だった（ヨブ1・1―3）。彼は敬虔さと生き方の模範だった。しかし、彼が信仰深かったのは単にそれが利益になるからだったのだろうか。そうだ、というのが「告発者」の説明だった（ヨブ1・8―10。「告発者」あるいは「敵対者」を表す単語はしばしば「サタン」と表記されるが、旧約聖書では「サタン」［satan］は「対抗者」を表す通常の単語で、固有名詞ではなかった。そしてこの「敵対者」は偉大な闇の王サタンではない）。おそらくヨブは単に、それで得られるもののためにそうしているのだろう。神は単に、自分が寂しいからかあるいは自分の自尊心を高めるために人間のへつらいを助長しているのではないか。おそらく神は、年下の子に「すごい！」と尊敬されたくて必死になっている年上の男の子のようなのだろう。おそらく、神と私たちの関係はすべて見せかけの偽りにすぎないのだろう。うわべは、愛と信頼の関係に見えるが、本当は、「僕の背中を掻いてくれ、そうしたら僕も君の背中を掻いてあげるから」といった取引関係で、人格的な関係ではないのだろう、というように。

神と告発者のどちらが正しいのか、どのようにしたら証明できるのだろうか。商売上の関係では、当事者のどちらかが手を引けば、相手にも手を引く権利がある。もしあなたが自動車協会の会費納入

背景の物語	ヨブと友人たちの論争	補　足
1－2章　始まり	3章　ヨブの訴状	
	4－14章　ヨブと友人たちの論争（第1周）	
	15－21章　ヨブと友人たちの論争（第2周）	
	22－27章　ヨブと友人たちの論争（第3周）	
		28章　知恵を賛美する詩
	29－31章　ヨブの最後の陳述	
		32－37章　エリフの演説
	38章－42:5　ヤハウェの答え	
42:7－17　結び		

表14.1　ヨブ記のあらすじ

をやめてしまえば、業務用トラックは使えなくなる。もし神がヨブから祝福を取り去るなら、ヨブはそれでも、比類なく汚点なく正しく、神を畏れ義であり続けるだろうか。

この書のあらすじは表14・1にある。導入部の後に続く、ヨブの物語の場面では、彼の人生が瓦解してゆくのが見られる。ヨブは牧畜に降りかかった一連の災難で財産を失う（ヨブ1・14—17）。自然災害で息子も娘も亡くす（ヨブ1・18—19）。自分の健康も失う（ヨブ2・7—8）。彼の妻は絶望し（ヨブ2・9）、彼の友人たちは——取引関係のとらえ方が正しいと思い込んでいるので——ヨブの側で取り引きに違約したに違いないと結論し、その結論に基づいてヨブを激しく非難する（ヨブ4—27章）。

この劇的な物語は、話のきっかけとなった問いのほかにも多くの問いを生じさせる。ヨブ自身の霊的遍歴は彼に、彼自身、夢にも考ええなかった道を歩ませる。彼と神との関係はこの上なく過酷な緊張状態に陥り、ヨブの自己主張は叱責されねばならない。しかし、敵対者はヨブが神を呪うだろうと予測していたし、彼の妻も、そうしろと促し、彼の友人たちは、彼が犯してもいない罪を告白するように彼を威嚇したにもかかわらず、彼はそのようなことはしなかった。そして、物語の最後に彼は——確かなことを語ったとして——神に褒められ（ヨブ42・7）新しい祝福を与えられる。ヨブは（物語が教えてくれている限り）彼の経験の理由を知ることはなかった。しかし彼と神の関係の正しさは立証された。

これらのことすべてによって苦難の問題にどのような洞察が示唆されているのだろうか。ヨブと神との関係が試みられたこの過程で、苦難の問題にさまざまな方向からの取り組みがなされている。ヨブの三人の友人はヨブが苦しんでいるのは彼の罪のせいだと思い込んでいる。彼らがこの思い込みをしているのは自然なことである。これは、「識者たちの助言」が教えていたことだった。何世代もの間におのずと実証されてきた真理だった。ビルダドが特に強調したように、正統派が常に教えてきたことでもあった。これはまた、エリファズが主張した真理でもあり、彼はこのことを受け入れる根拠として、もう一つ、自分がこの問題について超自然的な啓示を受けたとのことを加えている（ヨブ4・12—21）。

この見方には真理がある。罪と苦難の間にはつながりがある。一般的な意味でこれは真理である——世界にある苦難の量は、少なくとも一部には、いろいろな意味で人間の罪の結果として説明できる。そして、しばしば特定の状況に関しては、細部にわたるまで真理である（たとえば、パウロは、コリントの人々の一部の病気や死を、彼らが主の晩餐で「主の体をわきまえないで」飲み食いしたためとしている［Ⅰコリント11・29―30］）。しかしヨブは、世界一般の苦難の分け前を不つり合いに多く受けており、それでいて、悪名高き罪人であるわけではない。この理論では彼のことは――彼の人生の物語がまず、多くの罪を含むように書き換えられない限り（実際友人たちはそう書き換えた）――説明できない。

エリフは、論争の終わり頃に登場する怒れる若者であるが（ヨブ32―37章）、この、苦難が罰であるとの見方の少し異なった形を出してくる。エリフは、人間の理性の偉大な擁護者だ。彼は、神が私たちに考える頭を与えたのだから、私たちが頭を使えば答えは見出せると信じている。彼は、苦難は私たちを神に引き戻すためのものかもしれないと宣言する。そうであれば、苦難は人間という被造物のための神の愛ゆえの関心の表現である。ここでも、この取り組みは聖書的ではあるが、ヨブにはあまり関係がない。ヨブは敬虔な信者なので、そのような懲らしめはほとんど必要がないからだ。

ヨブ記の冒頭で、ヨブの苦難は試練としてもたらされていることが示唆されている。この見方もまた、類似した考えが聖書にある（たとえば、Ⅰペトロ1・7）。しかしこの答えでさえも、ヨブが苦難にどう対処してゆけばよいのかという問いとは関係がない。ヨブは、試練が自分の苦難の理由だとは知らされていないからだ。ヨブは、なぜという自分の問いに答えを与えられることはできたのに、実際は一度も答えてもらえないのだ。

ヨブの態度は、物語の終わりに褒められる。彼が少なくとも、あくまで事実を直視しようとしたからである——友人たちが事実を書き直し、彼らの理論に合うようにヨブを罪人にしたててしまったのとは違った。それにもかかわらず、ヨブは自分が経験しなければならない試練をおとなしく受け入れるわけではない。それどころか、彼は、友人たちに対する憤りが増せば増すほど、ますます強く神が道理を欠いていると主張するようになり、自分の汚名をすすぐ決意をますます固くする。もし必要なら自分の死後になってでも、彼は、汚名をすすげさえすれば満足するだろう。この可能性を思い描いて、ヨブは、彼の有名な「私は知っている。私を贖う方は生きておられる」（ヨブ16・18—22参照、19・25）との言葉を口にする。しかし彼は今、汚名がすすがれることを要求しているのであって、死後に汚名がすすがれ、解放されるのは、次善の解決にすぎない。

ヨブが最後に自分のかつての幸せや現在の悲惨さや終生貫いてきた正しい行ないを振り返る（ヨブ29—31章）前に、神の測り知れない知恵についての詩が登場する（ヨブ28章）。これは、討論へのコメントとなり、ヨブと友人たちの両方に、暗に判決を伝えている。友人たちは自分たちが真理をまとめてすっかり把握していると考えているが、彼らは間違っている。ヨブはその点はわかっていて、彼らにまさりたいと考えている。彼は、自分には真理を知る権利があると考えている。しかし彼も間違っている。神の知恵は測り知れない。そしてこの詩は、神の行為を理解する起点となるのは、謙虚に神を礼拝することだけだと思い出させる助言で終わる。知恵の書でくりかえし現れる助言である。この詩は、神がヨブに顕れる時にさらに取り上げられる問題を提起している。

神の顕現が起こった時、ある意味で神は、ヨブが求めた面と向かっての対決の機会を与えた。しかし、この機会は彼が神に対決する機会ではなく、神がヨブに対決する機会である。問いかけるのは神であって、ヨブではない。神の問いはガイドつきの被造界ツアーを含み、その道程で神は「あなたにはこのようなことができただろうか。私があれを造った時、あなたはそこにいたか。あなたは頭であれが理解できるか。この被造界があなたを中心にまわっているのではないことがわかるか」と問い続ける。この対決の目的は、以前に行なわれた演説の要点をより力強く示し、よくわからせるためである。神は創造の主であり、人間が神に問いかけたり神の目的を余すところなく理解しようと高望みしたりすることは不可能なのである。ヨブは、あたかも彼が世界の中心であるかのように抗議すべきではないのだ。

ヨブはこの点を進んで認める（ヨブ40・1―5）。しかし彼がそう認めても、神は彼への問いをやめはしない。対決は再開し、今度は、しばしば人の世に特徴的な不公平と不正についてヨブは何ができるか、という問いに焦点が当てられる。ヨブは不正について不満を述べるが、彼自身は人間の経験の中にある不公平の要素を減らすために何もすることができない。この点についてヨブを問いただした後、神は二頭の巨大な恐ろしい被造物、ベヘモットとレビヤタンを指し示す。中東の諸民族の神話では、これらは善と秩序に反して表出した悪と混沌の力を象徴する（実際は、これらはサタンに相当するものである）。しかしこれらは神の支配の下にあり、実際、単なる動物にすぎない（ネス湖の怪獣のイスラエル版のようなものだ。理論上は恐ろしいが、実際は娯楽の対象にされている）。神の支配を超える混沌や不正の力はない。被造界そのものが、神の力と知恵が世界を治めていることを見せているのだ。

ヨブは正義と摂理が世界の中心にあるかを問い続けていた。彼の私的な世界ではそのように見えなかったからだ。苦難に遭っている人は、その苦難にもかかわらず神の力と知恵が確かに支配しているのだと信じるように訴えかけられている。彼の現在の経験がそのように信じることとどう適合するか、ヨブは理解できず、神は説明しない。しかし被造界は、神を理解できない時でさえも、神を信頼することはできると示している。

このように、この書には、懐疑に伴って確信がある。聖書は全体として、あらゆる問いに答えられるとは主張していない。問いの中には、神の神秘に委ねなければならないものもある。しかし、聖書は確かに、創造の光に照らして（そして、イスラエルと十字架の物語に照らして）、私たちが理解できないところでさえも、信頼し続けるに足る十分な確かさがあることを主張している。

第15章　エピローグ――今日の聖書

本書では聖書を、これを書いた人々と、これが書かれた当時に受け手として意図されていた人々にとってどのような意味を持っていたかという観点から理解しようとしてきた。おそらくこれは、私たちが古代ギリシアの人々の書いたものやコーランを研究する時にとる方法である。第1部の序文で指摘したように、聖書の真価を理解するためには私たちはそれに共感的な態度で取り組まなくてはならない。神を信じているにしろ、いないにしろ、私たちは神を実際に信じていた人々の思考の内側に入ろうとしている。私たちは、もし彼らの信仰や不信仰を理解しようとしていながら、自分自身の信仰と不信仰の一時停止ができないならば、彼らの書いたものについて真の洞察を得ることはできないだろう。この要請は、私がコーランを読もうとするときに必要なことと同様である。私がもし、コーランが間違っていると証明することにしか関心がなければ、おそらく私には決して、コーランを理解することはできないだろう。私は、コーランの眼鏡を通して世界を見ることを目指さなければならないのだ。

そのようにしたとき私は、自分が期待した以上のことに自分が巻き込まれていることがわかるかもしれない。自分が理解しようとしている本が全くの無意味でない限り、その本の洞察から学べるものがあるものだ。もし何とかしてその本の眼鏡を通して世界を見ることができたならば、自分がその眼鏡をかけ続けているように訴えかけられているのがわかる。何らかの意味で、その眼鏡はピントを合わせて世界を見ていることがわかる。そうなれば、もう眼鏡を捨てて再び以前のような見方で世界を見始めることはとてもできないだろう。

もしこれが、何か重要な本を読むときの感受性の高い読み方に一般的に当てはまるとすれば、これは、聖書という、単なる好奇心以上の態度を求める書にも確かに当てはまるだろう。聖書は、あらゆる時代の人々が直面する最も差し迫った問題に明確な洞察を与えていると主張している。人が生きている意味は何なのだろうか。なぜ人間の物語は達成と失敗、善性と悪質さ、成功と零落のこれほど不可解な組み合わせなのだろうか。なぜ世界は続いているのか。神は存在するのか、そして（もし存在するのなら）神とはどのようなものなのか、そして、何に基づいて私たちは神とかかわることができるのか。私たちはどのような種類の人生を送るべきなのか。そして、私たちはいかにすれば自分たちが知った基準を満たすような生き方ができるのか。

聖書はこれらの問いに、物語や陳述や絵画的な例の形で、答えている。陳述は問いのいくつかに答える。物語は答えを理解するのを助け、それらの答えがうまく機能するためになされるべきことを神がいかに行なってくれたかを語る。絵画的な例は答えを例証する。

物語は、イエス・キリストで頂点に達する。彼の死と復活は人間と神の関係が癒されることを可能にした。そしてこれらの出来事は神が人間の歴史の主であることを請け合ってくれる。今では、私たちは、神が最初から私たちと結ぶつもりだった関係を楽しみ、神が考えた通りにこの世界で思う存分に生き始めることができる。

そこで、新約聖書は、この神と共に生きる人生の基礎となっている最終的事実を語ってくれる。そして、その事実が最初のキリスト教諸教会のためにどのように機能したかを教えてくれる。今日の信者は最初の信者たち、つまり、歴史上のイエスの最も近くにいた人たちが書いたものを捨て去ることはできない。もし彼らの足跡をたどってみたいならば、彼らの経験や問題や洞察から学ぶことだ。

私たちは新約聖書の信者たちとは状況が変わったことを認めなければならない。私たちは異なる時代と異なる文化に属する。私たちは最新の科学技術の点では彼らよりも進んでいるが、必ずしも彼らより優れているわけではない。私たちもまた、人生についての永久の問いを問う。これらの問題は時間を超えている。私たちは、罪や善性について同じ問いに直面している。しかし、私たちがどのように彼らの答えの含蓄を理解できるのか、そして、どのようにこれらの答えを私たち自身の時代の言葉で表現できるのかは、さまざまに異なるであろう。

新約聖書の信者たちは、自分たちの時代の人間的経験を取り上げて、神と私たちの間に起こっていることの例証として用いることによって、イエスの死が人間と神との関係にどのような意味を持つかを解釈した。私たちのために神がイエスにおいてなしてくれたことは、彼が奴隷を拘束から解放するために代価を支払ってくれたようなもの（受け戻し）だとか、誰かを穢れた状態にした何かを処理するために神殿で犠牲をささげたようなもの（罪の償い）だとか、他の誰かが罰金を払ってくれたので誰かを無罪とするようなもの（義認）だとか、敵意を抱き合っていた二人の人を仲裁するようなもの（和解）と考えられた〔これらは「贖い」や救済の多様な意味と解釈しうる。「贖い」は贖罪に限らない〕。

これらの描き方のいくつか（おそらく最後の二つ）は、新約聖書の時代に劣らず私たちの文化でも意味を持ちうる。他の解釈（おそらく最初の二つ）は、西欧社会ではほとんど意味を持たない。これらの意味を私たちがよく理解するためには、たくさんの説明が必要である。これらは、パウロが自分の日常生活からの例で補ったように、私たちの日常生活からとられた例証で補わなければならない。

さらにまた、新約聖書にある指示は常に当時の社会的条件と関係している。通常このことは全く問題はない。盗みや偽証は一世紀に劣らず私たちの文化でも罪である。しかし、いくつかの点で戒めの妥当性に社会習慣が影響を及ぼすことがある。古典的な例はコリントの信徒への手紙一11章での、キリスト教徒の女性が頭にかぶり物をつけることについてのパウロの勧告である〔Iコリント11・2―16〕。どうやら、パウロがこれを重要だと思った一つの理由は、コリントでは道徳的に不品行な女性だけが何もかぶらずに公の場所に出てきたかららしい（アラブの女性が今日受け入れているベールと比較できるかもしれない）。そうであれば、パウロがコリントの教会の女性たちにキリスト教の自由を見せびらかすことで悪い印象を与えるのを望まなかったことは理解できるだろう。しかし今日では、教会に行くときに自分の一番良い帽子をかぶってゆくのは、ほとんど偽善の象徴になりかねず、パウロの手紙どおりにすることは、彼が言っていることの精神をとらえそこなって、実際には彼が望んだのとは正反対の結果になってしまうかもしれない。

その一方で、聖書の教えは何もかもその文化に限られている、と説明することには慎重にならねばならない。しばしば、聖書の教えはそっくりそのまま私たちの時代にも当てはまり、唯一の問題は私たちがそれを受け入れるかどうかである。

聖書と私たちの間の時代や文化の隔たりによって生じる難問のさらなる側面は、聖書がしばしば、〔今日の〕私たちにかかわる具体的な問題を扱っていないことである。聖書は性道徳について多くのことを語っている――そしてここでも、問題はただ、私たちがそれを受け入れるかどうかである。しかし、環境工学や遺伝子工学については聖書は直接には何も書いていない（直接には何も、というのはつまり、神や人間や世界についての一般的な聖書理解はそのような問題にかかわり影響を及ぼすからである）。つまり、信者たちは「私は確かに聖書が言うことをすべて行なうようにするし、それで神の意志を完全に成就したことがわかるであろう」とは言えないのだ。私たちは聖書が言うことを行なわなければならないが、私たちが生きている世界で神学的、道徳的にさらにどのような問題が起こっているかを問わなければならないし、一歩進んで、「もしそれが聖書で神が神の民に彼らの状況で語りかけたことだとしたら、神は私たちの状況で私たちに何を言うだろうか」と、問わなければならない。そして、人々が、「これが、神が今私たちにこうしなさいと呼びかけていることだと私は信じる」と言うなら、その時彼らはそのような主張を「それは、神がすでに言ったり行なったりしたと聖書に書いてあることを根拠に考えて、神が今言っていると私たちが見込める種類のことだろうか」と問うことで、試験できるだろう。

西欧の信者は通常、新約聖書を私たちと関連づけることは、やってみればそれほど複雑ではないとわかる（おそらく、思っていたよりは複雑かもしれないが）。旧約聖書は、それよりも扱いにくいと思われてきた。そこで、本書ではこの最後の部分で、特に今日、旧約聖書が持つ意味を見ることにする。信者が旧約聖書を見るときに可能な六つの方法で考えていこうと思う。各々の見方はそれぞれ価値があり、旧約聖書の異なる部分に異なる方法を当てはめることで、より多くのことが明らかに見えてくるかもしれない。

1　旧約聖書は新約聖書の背景である

はじめに、旧約聖書を考慮に入れることなくイエスを理解することはできないという事実がある。旧約聖書はイエスの聖書だったからだ。

イエスが人々に感銘を与えたことの一つは、彼が「権威をもって」語ったことである〔マルコ1・22〕。教師たちは、聖書の意味を議論したり解説したりしても、あえて何かを自分自身の権威によって語ることは決してしなかったが、イエスはそれとは異なっていた。彼は、神と直接接触している人として語った。

この事実にもかかわらず、イエスが実際に聖書に言及する仕方は際立っている。新約聖書の彼の物語の最初から、彼がどれほど聖書に深くかかわっているかが見られる。彼の洗礼の時には、詩編と創世記とイザヤ書からの言葉が彼に向かって語られる（マタイ3・17）。彼は悪魔に試みられた時に、申命記の戒めを引用して悪魔に答えている（マタイ4・1―11）。イザヤ書の一つの預言は彼の宣教を方向づけている（マタイ4・12―17）。真の幸福がどのようなものかを語る彼の言葉は詩編とイザヤ書を反映している（マタイ5・3―9）。彼は自分の目標を、トーラーと預言者の教えを実現することと要約し、律法から一点一画も消えうせることはないと言っている（マタイ5・17―18）。この点を最もはっきりと打ち出しているのはマタイである。しかし、イエスが神学や生き方や宣教に関して旧約聖書に依拠していたことを描くマタイの描き方は、四福音書全体に共通したイエス像と本質的に異なってはいない。

そこから自然の帰結として、私たちはイエスと新約聖書の著者を理解するには、旧約聖書に基づいて、彼らが前提としていた重要な点を理解しておかなければならない、ということになる。たとえば、イエスの宣教は、メシア〔救世主。もともとは「油注がれた者」の意味〕や人の子といった用語を用いて語られるが、これらの称号の究極的な背景は旧約聖書にある、王的贖い主、新たなダビデ、あるいはダニエルの幻〔ダニエル7章〕にある人の子のような者のような、新しい人への希望である。新約聖書でこれらの人物を語る語り方はのちの時代のユダヤ教の思想を反映しているが、これらが新約聖書のイエス理解に必然的なのは、これらが旧約聖書にあったからだ。聖書は、イエス理解の枠組みを提供している。イエスが答えとなっている問題を新約聖書がどのように見ていたかは、旧約聖書に教えてもらわねばならない。旧約聖書は問題がどのようなものであるか、それはどのように解決される必要があるかを書き表している。そしてイエスは到来し、自分こそその問題を解決すると宣言しているのである。

2　旧約聖書は未完の物語である

旧約聖書が立てた問いの答えはイエスであると表現するとき、私たちは旧約聖書は自ら出した問いのいくつかには最終的な答えを持っていないと認めている。旧約聖書には結末がつけられていない。新約聖書はこの事実をいくつかの仕方で取り上げている。そのことは、本書のいくつかの箇所を見直すことで考察できるだろう。第一に、物語として、創世記から出エジプト、パレスチナ〔カナン〕占領を経て捕囚までの物語は行き詰まりになっている。神は世界を造り、世界を贖おうとしたが、どうやらうまくいかなかったようだ。歴代誌―エズラ記―ネヘミヤ記の物語は話を再開するが、物事の中途で止まってしまう。

祭司の教えは、神が今までになした事の失敗を強調する。この教えは、イスラエルが従うために与えられ、それに従うことが神に祝福されるための鍵であった。しかしトーラーそのものの中に、人々は従わないだろうという認識が見られる（申命29―32章を参照）。

識者の助言もまた未完のままだ。箴言と雅歌には人生がどのようなものでありうるかについて、感銘を与える記述がなされているが、ヨブ記やコヘレトの言葉は、その記述は真実には聞こえない、人生は実際そのようなものではない、と抗議している。これらの書は、聖書の他のどこにもまして根本から人間の生の意味の問題に取り組んでいる。ヨブ記とコヘレトの言葉は答えるよりも問いを出すことにおいて優れており、神の神秘を信頼するように提案することしかできないでいる。

預言者と見者の幻は神の目的が現在、まだ栄光の成就を遂げられないでいることの先を見ている。しかし、栄光の成就は延期され続けている。イザヤ書40―55章には荒れ野が池に変えられる光景が描かれるが〔イザヤ41・18〕、現状では、荒れ野は池に変えられていない。全世界がヤハウェを知るようになる光景は成就していない。

旧約聖書は人類が贖われることが必要な窮状に気づいている。人間がなすべきことをしていない罪の深さが暴露されればされるほど、神がキリストにおいて成し遂げてくれたことの価値がわかるようになる。

同時に、信者は自分たちが潜在的に旧約聖書のイスラエルの民と同じ立場にいると見なくてはならない。旧約聖書のイスラエルは永遠に見捨てられて今では教会がイスラエルに取って代わっている、などと思ってはならない。それどころか、神は今でもイスラエルを救おうと計画しており、教会はもし神に信実であるのをやめれば、イスラエルが捨てられたように捨てられるであろう（ローマ11・22―27参照）。だから、イスラエルの物語には教会への警告が満ちている。さらに、新約聖書も、物事の途中で止まっており、歴史はその後二〇〇〇年間も神の目的の成就に達しないまま続いている。

3　旧約聖書の物語は私たちの物語である

旧約聖書が未完成であることは、その失敗を構成するマイナス要素と見ることもできるが、プラスの面と見ることもできる。聖書全体の物語は、天地創造から、徹底的に犯される人間の罪、そして神の救いの達成に至る。これは数幕からなる劇のようなものだ。クライマックスの幕は、イエスの到来の場面だ。前の方の幕は、旧約聖書に書かれている出来事だ。しかし、これらはすべて同じ劇の中の場面なのだ。聖書の物語を劇として記述することは、それが実際には起こらなかったという意味ではない。むしろ単に、この物語には劇のように始まりと、中間と、終わりがあるという意味だ。すべての場面は同じ劇のうちにある。キリスト教徒は、前の方の場面もクライマックスと同じように、物語の一部だと考えている。イエスは物語のクライマックスまで登場しないが、それ以前の出来事も、私たちの主イエス・キリストの神であり父であり、イスラエルの神ヤハウェでもある方の監督下にあった。

新約聖書は、聖書全体にわたって、すべてを包む一つの目的が働いていたことを前提としている。旧約聖書は新約聖書につながり、そこで明示されることを暗示している。演劇のように、前の場面や発言の意味がしばしば、最終幕の結末に照らして見て初めて完全に理解できることがある。

また、旧約聖書が将来に目を向けていることが明示されていることもある。預言書の多くの箇所では、イスラエルの現在の経験、特に王たちの働きのあり方が、神が約束した通りにはなっていないことが認識されている。これらの箇所では、イスラエルが物質的にも精神的にも正され、本物のダビデが王座に座る時が来ることが期待されている。預言書は前方に目を向けているが、それにもかかわらず、一般的には、人々が失ったものの回復や経験したことのないものの成就という観点から物事を見ている。預言者たちは、人々をイエス時代のガリラヤやエルサレムに連れて行ってくれるタイム・マシンを持っていない。しかし、彼らは物語の大きなクライマックスが来ることを証言している。

旧約聖書と新約聖書の関係のこのような面に照らして、キリスト教徒は旧約聖書を自分たちの物語の前の部分として読む。旧約聖書は、まだ完成していない物語のただ中に生きている私たちにも語りかけてくる。最も重要な出来事であるイエスの到来は過去になったが、私たちは、世界のための神の目的が完全に成就することを待ち望んでいる（旧約聖書が待ち望んだのと同じように）。

4 旧約聖書は神が働いていることを例証する

新約聖書は、当然のこととして旧約聖書でも新約聖書と同じ神が働いており、その神は新約聖書で語られているのと同じ民と関係していると考えていた。教会は新しい存在ではなくイスラエルの再生なのだ。よって、神が旧約聖書でイスラエルとどのように関係していたかを見れば、それを例として、神と生まれ変わったイスラエルとの間にどのような関係が期待できるかが見えてくるだろう。

犠牲の制度はのちにイエスが達成したことを理解するのに役立つが、その一方で、犠牲はそれ自体、神と神の民の関係を経験するうえで重要な意味がある。焼き尽くすいけにえは、私たち自身や、私たちにとって貴重なものを神にささげることを示唆する。会食のいけにえは、聞かれた祈りへの感謝や、あるいはただ神の愛や神が必要なものを備えてくれることに対しての感謝の関係を例証する。贖罪のいけにえ〔聖書協会共同訳は「清めのいけにえ」（レビ4・14など）〕は私たちと神の間に入り込んだ障害の深刻さを私たちに思い出させる。

ここで旧約聖書が役立つのは一つに、旧約が新約よりもはるかに広い範囲の状況を扱っている点にある。神の民の外的な事情や態度は旧約聖書の多くの時代の間に変化しており、時に、私たちはより狭く限られた新約聖書の中よりも旧約聖書の中に自分自身を見出すことがある。たとえば、神の民の反抗についての多様な描写は、特に民数記に顕著だが、今でも教会生活に特徴的ないくつかの様相をうかがわせる（Iコリント10章参照）。ヨブ記とコヘレトの言葉は、懐疑と格闘する信者の例を見せている。詩編は神の民の賛美と祈りを具体的に表し、私たちが行なう祈りや賛美の手本になるだけではなく、私たちが使うことのできる賛美歌や祈りを与えてくれる。パウロは〔彼にとっての聖書、つまり旧約聖書について〕このように宣言している。「これまでに〔旧約聖書に〕書かれたことはすべて、私たちを教え導くためのものです。それで私たちは、聖書が与える忍耐と慰めによって、希望を持つことができるのです」（ローマ15・4）。

5　旧約聖書は新約聖書よりも広い範囲に関心を持っている

今指摘したことは、もう一つ別の方向に広げることができる。旧約聖書が扱っている題材の数は、新約聖書よりも多い。この点は、旧約聖書が天地創造で始まっている例を見ればすぐにわかる。旧約聖書は明らかに、最大の大きさの画布に物語を描こうとしているのだ。新約聖書は創造に触れてはいるが、創造主なる神と被造物としての世界の関係についての理解は表立っては展開していない。旧約聖書での理解を前提にできるので、必要ないからだ。新約聖書の力強さは、すべての注意をイエスに集中しているところにある。しかし、新約聖書が神と世界全体との関係についてあまり語っていないという点で、これは弱点でもある。

旧約聖書は神の創造の業を強調するので、世界そのものに対して肯定的な態度をとっている。世界は人間の罪に害されている、とは見ているが、それでも、これは神の世界だと見ている。神が世界の歴史の主であると信じ、神が諸国の民の事柄にどのようにかかわっているかを論じている——彼らがイスラエルに関係している限りにおいてのみではなく、それらの民自身のために、そして、義に対する神自身の関心のためにである。

旧約聖書においては、世界への神の関与と関心は、預言者が強調する、社会的正義への責任にも表れている。旧約聖書は決して、神は魂にだけ関心を持っていて、体は単に真に重要な内面の人格を包む廃棄可能な包みにすぎないなどとは想定していない。旧約聖書は、体と霊は両方神によって与えられ、両方とも注意を払われるべきであり、最終的には両方とも救われると知っている。旧約聖書は、霊に、つまり、人々の神との関係に関心を持っている。そしてまた、肉体的な幸福と肉体の行動にも関心を持っている。

旧約聖書が外面に関心を持っていることは、旧約聖書が劣っているとか霊性に欠けるというしるしではない。もし神が真に創造主であるならば、私たちはどのように世界を正しく気にかけ享受すべきか、旧約聖書から学ぶことができる。

6　旧約聖書は人間の弱さに合わせて譲歩してくれている神を見せている

マタイ福音書（マタイ5・17―18）で、イエスは、トーラーのほんの一部でさえも廃止されることはないと宣言しているが、一方ではまた、自分が今告げていることは、人々が過去に命じられていることとは異なると宣言している。人々が過去に教えられたものとしてイエスが語ることのうちには、旧約聖書にないものもある（たとえば、「隣人を愛し」につけ加えられた、「敵を憎め」［マタイ5・43］は旧約にない）が、イエスがここで論じている戒めのほとんどは旧約から来ている。トーラーには離婚についての規定がある。しかし、イエスは離婚のことを、合法化された姦淫に通じると言う（マタイ5・31―32）。トーラーには「目には目を、歯には歯を」ということが言われているが、イエスは誰かに右の頬を打たれたなら、左の頬をも向けなさいと勧めている（マタイ5・38―39）。

これらのどちらの箇所でも、イエスは、トーラーの規定よりも徹底した要求を主張している。トーラーの規定は、離婚は起こるものであるという事実を現実的に見て、妻を守るための規則を提供している。イエスは決して、わざわざ妻の保護など考える必要はないという意味で律法を廃棄しようとしているわけではない。彼はさらに問題に踏み込んで、そもそも離婚はすべきではないと宣言しているのだ。同様に、律法は、人は自分に加えられた危害に対して補償を求めるという事実を現実的に見て、補償に制限をつけようとしている（詩的に言えば、一つのあざの目には二つでなくて一つのあざの目〔片方の目の周りに青あざを作られたら、仕返しは両方の目の周りにではなく、片方の目の周りにあざを作るだけにとどめねばならない〕ということだ）。イエスは決してレメク（創世4・23―24）のような人々に自由に好きなだけ復讐させるという意味でトーラーを廃止してはいない。彼はさらに問題に踏み込んで、そもそも補償などにこだわってはならないと宣言する。実際、自己犠牲の方が原則にかなっている。ただし、彼が言うのは、罪にふさわしい罰を与えることが国の法律として不適切だという意味でもない。

律法の規則は、人が生きている現実の場から始まり、人間社会で起こりがちな事態に対処するために与えられている。しかしイエスが来て、人間社会は全く別の基盤を持つべきだと言った。そう言えるのは、イエス自身の目的が、人間社会に新しい基盤を与えることだからだ。彼が人々に神の赦しをもたらすために死に、神の聖霊を与えるために復活したことで、神の理想を実現するための新しい可能性が開かれ、彼はそこへと私たちを招いているのだ。

しかし、神の理想はどこに啓示されるだろうか。それはイエスの中に啓示されているが、同時に律法そのものや旧約聖書のほかの箇所にも啓示されている。この点は、イエスがのちに結婚と離婚を論じた際の言葉に最も明確に示されている（マタイ19・1―12）。理想的な世界では離婚は起こらないという彼の宣言は、彼自身の考えにではなく、結婚関係の起源についての創世記の記述に基づいている〔創世2―3章〕。トーラーそのものの中に神の理想と、人間の弱さに合わせた神の譲歩の両方が含まれている。これは新約聖書でも同じで、新約聖書は旧約聖書ほどに問題視せずに奴隷制度を認めている。

私たちには理想と譲歩の両方が必要だ。神の理想は、私たちがイエスにおいて目指すように求められている究極の基準へと私たちを招くために必要である。しかし、神の理想を私たちが生きなければならない世界に折り合わせるための洞察を得るために、神の現実的な、より低い基準も必要だ。これらの基準は私たち自身にとっても必要なのだ。なぜなら、神の赦しと神の聖霊が私たちに与えられているにもかかわらず、私たちは今日の時代に、依然として古い性質を背負って生きており、もし神の理想しか知らなければ、この理想は私たちにも自滅的と感じられるかもしれない。しかし、神は私たちの弱さの中でも、私たちに出会ってくださるのであり、旧約聖書はそれを例証している。

旧約聖書について言えることは、聖書全体にも当てはまる。聖書は神の物語であり、これを私たち自身の物語として扱うように招いている。それは神の言葉であり、この言葉を私たち自身に向けられたものとして聞くように私たちを招いている。そして、聖書は神の民の応答であり、その応答を私たち自身の応答とするように私たちを招いているのだ。

＊　＊　＊

聖書の個々の書について学びたい人は、私の『すべての人のための旧約聖書』（The Old Testament for Everyone〔未邦訳〕）と、N・T・ライトの『すべての人のための新約聖書』（The New Testament for Everyone〔邦訳は『N・T・ライト新約聖書講解』教文館、二〇二一年―〕）というシリーズがペーパーバックで出ている。

訳者あとがき

本書は、John Goldingay, *A Reader's Guide to the Bible*（Downers Grove, Illinois: IVP Academic, 2017）の全訳である。著者ジョン・ゴールディンゲイは、一九四二年英国バーミンガムで生まれ、オックスフォード大学卒業後、ノッティンガム大学大学院哲学博士号取得。一九六七年には英国聖公会（Church of England）の司祭に叙階されている。ノッティンガムのセント・ジョンズ・カレッジで旧約聖書とヘブライ語を教えた後、一九九七年にカリフォルニアのフラー神学校に移り、デイヴィッド・アラン・ハバード旧約聖書学教授として教えていた。また、同時にカリフォルニア、パサデナのアメリカ聖公会聖バルナバ教会の司祭として現場の牧会にもたずさわっており、自身を、大学教授である前に牧会者であると語っていた。フラー神学校を定年退職後は英国に戻り、現在はフラー神学校旧約聖書学名誉教授として、オックスフォードで講演や執筆活動を続けている。

本書は数ある聖書入門書の中でも珍しく、旧約聖書に大きな比重が置かれ、創世記から新約聖書のヨハネの黙示録までを一つの神の物語として語っている。コンパクトながら、聖書の舞台となるパレスチナの地形や気候風土、新約聖書の土壌となった旧約聖書の歴史など、今まで何冊かの聖書入門書を読んだことのある読者にも新しい視点を与えてくれる。

最終章で著者は、旧約聖書学者として、聖書が今日の私たちにどのような意味を持つか、特に、旧約聖書がどのような意味を持つかを、新約聖書の背景として、未完の物語として、など六つの点から挙げており、新約聖書に偏りがちなキリスト教の読者に旧約聖書にも注目するよう促している。

本書がキリスト教徒の方も、そうでない方も、キリスト教や聖書に興味のあるすべての方に、助けとなることを望んでいる。本書の訳出を提案くださった教文館の髙木誠一さん、編集や校正で大変お世話になった石澤麻希子さんに心から感謝する。

二〇二二年九月

本多峰子

聖書索引

旧約聖書

聖書索引

《訳者紹介》

本多峰子（ほんだ・みねこ）

1989年、学習院大学大学院博士後期課程修了、文学博士（イギリス文学）。東京大学総合文化研究科博士課程修了、学術博士。現在、二松學舎大学教授。日本基督教団教師。

著書　『天国と真理――C. S. ルイスの見た実在の世界』（新教出版社、1995年）、『悪と苦難の問題へのイエスの答え――イエスと神義論』（キリスト新聞社、2018年）ほか。

訳書　A. E. マクグラス『キリスト教の天国――聖書・文学・芸術で読む歴史』（キリスト新聞社、2006年）、『総説キリスト教――はじめての人のためのキリスト教ガイド』（キリスト新聞社、2008年）、G. M. バーグ／D. ラウバー編『だれもが知りたいキリスト教神学Q&A』（教文館、2016年）、N. T. ライト『悪と神の正義』（教文館、2018年）、A. E. マクグラス『旧約新約聖書ガイド――創世記からヨハネの黙示録まで』（教文館、2018年）ほか多数。

神の物語としての聖書

2022年10月25日　初版発行

訳　者　本多峰子

発行者　渡部　満

発行所　株式会社　教文館

〒104-0061　東京都中央区銀座4-5-1　電話 03(3561)5549　FAX 03(5250)5107

URL　http://www.kyobunkwan.co.jp/publishing/

印刷所　モリモト印刷株式会社

配給元　日キ販　〒162-0814　東京都新宿区新小川町9-1

電話 03(3260)5670　FAX 03(3260)5637

ISBN 978-4-7642-6758-9　Printed in Japan
